BIOGRAPHIE ANECDOTIQUE

DE

M. LE CHANOINE

DESCORDES

DOYEN DU CHAPITRE

DE LA CATHÉDRALE D'ANGOULÊME

PAR

M. l'abbé J.-P.-G. BLANCHET

Chanoine honoraire de ladite cathédrale
Supérieur honoraire de l'École Saint-Paul
AUMÔNIER DE L'ASILE SAINTE-ANNE DE LA PROVIDENCE

ANGOULÊME
[IMPR]IMERIE ROUX & DESPUJOLS
Rue Tison d'Argence, 3.

1896

BIOGRAPHIE ANECDOTIQUE

DE

M. LE CHANOINE DESCORDES

BIOGRAPHIE ANECDOTIQUE

DE

M. LE CHANOINE

DESCORDES

DOYEN DU CHAPITRE

DE LA CATHÉDRALE D'ANGOULÊME

PAR

M. l'abbé J.-P.-G. BLANCHET

Chanoine honoraire de ladite cathédrale

Supérieur honoraire de l'École Saint-Paul

AUMÔNIER DE L'ASILE SAINTE-ANNE DE LA PROVIDENCE

ANGOULÊME

IMPRIMERIE ROUX & DESPUJOLS

Rue Tison d'Argence, 3.

—

1896

AVANT-PROPOS

Il y aura deux ans bientôt (1) que M. l'abbé Descordes a quitté ce monde, où il avait passé près d'un siècle, non sans y faire quelque bruit, et encore moins de bruit que de bien. Ses funérailles ont été célébrées le 5 avril 1894. Elles ont eu l'appareil que demandaient ses titres de chanoine jubilaire et de doyen du chapitre, quoique cependant plusieurs de ses amis et de ses admirateurs n'aient pu y paraître, soit pour en avoir ignoré le moment, soit pour avoir été alors absents d'Angoulême. Des services funèbres ont eu lieu au petit séminaire et à la cathédrale. Le rédacteur de la *Semaine religieuse*, en quelques pages émues et sobrement écrites, a rendu un bel hom-

(1) Cet avant-propos et une petite partie des récits qui suivent ont paru dans la *Semaine religieuse* d'Angoulême, du 22 décembre 1895 au 9 février 1896 ; mais, à ma grande surprise, quelques personnes respectables s'étant affligées, scandalisées même, de la publication des susdits récits dans une feuille pieuse, je me suis décidé à les interrompre et à en faire une brochure, qui ne s'impose pas au public comme un journal s'impose à ses abonnés.

Non leget, qui non volet, sed qui volet, leget.

mage à la piété sacerdotale, à l'éloquence, au caractère du vénéré défunt (1).

Certaines personnes désirent davantage et réclament une notice sur sa vie ; de pressantes sollicitations en ce sens me sont venues de divers côtés. Deux motifs m'avaient empêché de répondre jusqu'ici à ces sollicitations : l'espérance de recevoir des documents promis et la difficulté de l'œuvre ; mais, convaincu désormais qu'une plus longue attente ne changerait rien, à cet égard, à la situation, je me confie en l'indulgence de mes lecteurs et j'entreprends l'esquisse demandée. Que l'on ne compte pas, du reste, sur une biographie complète : je n'en ai pas les éléments ; ni sur un panégyrique à outrance : cela répugne au genre historique et n'eût pas moins répugné à mon héros, qui n'aimait rien tant que la vérité. M. Descordes a été un homme d'honneur, plein de loyauté et de franchise, d'une volonté droite et énergique, un prêtre d'une foi vive et d'une ardente charité ; mais il n'a pas mené dès l'enfance la vie des Louis de Gonzague ou des Berchmans. Sa formation chrétienne, laborieuse et pénible, a été le chef-d'œuvre d'un grand éducateur de notre pays, M. l'abbé Mareschal, supérieur du petit séminaire de Saint-Jean-d'Angély. Et encore l'habile maître n'avait-il pas réussi à détruire toutes les aspérités, à dompter toutes les fougues de la riche, mais bouillante et indépendante nature de son élève. Il a fallu la vieillesse et ses frimas pour enlever à ce vin généreux un dernier reste de verdeur et en dégager entièrement le doux parfum, l'aimable suavité qui longtemps y restèrent cachés. C'est le mot de l'Ecriture : *Vinum novum amicus novus : veterascet et cum suavitate bibes illud* (2).

Sous le bénéfice de ces observations, je peindrai

(1) *Semaine religieuse*, 8 avril 1894.
(2) Eccli., IX, 15.

M. l'abbé Descordes comme je l'ai vu personnellement, comme il s'est révélé à moi dans les chers entretiens où j'avais la joie de l'entendre évoquer les souvenirs de son passé (1), comme me l'ont fait connaître ses contemporains et ses amis. J'espère que personne ne s'en offensera ; personne non plus sans doute ne s'imaginera que je le propose comme un modèle, quand je raconterai ses frasques d'écolier ou ses boutades de jeune homme.

(1) C'est dans ses dernières années surtout que, devenu, à l'Ecole Saint-Paul, le voisin de M. l'abbé Descordes, je multipliai mes visites ; en rentrant chez moi, j'avais soin d'écrire ce que je venais d'entendre de sa bouche, et souvent ses paroles textuelles. Sa mémoire était excellente et très fidèle ; il m'a fait, à différentes reprises et à des dates éloignées, les mêmes récits sans varier même dans les plus petites circonstances.

M. LE CHANOINE DESCORDES

CHAPITRE Ier.

M. DESCORDES ENFANT. — LE COLLÈGE D'ANGOULÊME. — LE PETIT SÉMINAIRE DE SAINT-JEAN-D'ANGÉLY.

Léon-Joseph-Armand Descordes naquit à Angoulême, le 7 septembre 1801, dans une ancienne et grande maison qui existe encore et porte le numéro 5 de la rue Henri IV. Son père, M. Jean-Baptiste Descordes, était un avocat brillant, ancien membre de la municipalité organisée, après le 9 thermidor, par le représentant Pénières, laquelle répara quelques-unes des fautes des municipalités précédentes (1) ; ancien membre du conseil des Cinq-Cents, exclu de l'assemblée comme trop honnête homme par le coup d'état du 18 fruc-

(1) C'est cette municipalité qui rappela les Sœurs de Sainte-Marthe à l'Hôtel-Dieu, d'où elles avaient été chassées par le représentant Roux-Fazillac et par la municipalité que présidait le citoyen Louis Desbrandes.

tidor (1). Sa mère s'appelait Catherine-Henriette Maillet. Il fut baptisé dans la chapelle de l'hôpital général, à l'Houmeau, par M. Jean-Baptiste

(1) M. Descordes s'honora, en 1793, par un acte de courage qui faillit lui coûter la vie. Nombre de personnes, dont tout le crime était de ne pas plaire aux révolutionnaires, avaient été jetées en prison et enfermées dans la tour du château. C'étaient MM. Salomon-Saugé, Dubarrou, Mathé-Dumaine, Péchillon, Bourville, Barbot-Saint-Marc, Limagne fils, Chabanais, Périer de Gurat (sans doute l'ancien maire), Goret des Fourniers, Gréen de Saint-Marsault, Lambert des Andreaux, Lambert de Ruelle, Dexmier de Feuillade, La Condamine, Crussol de Montausier, Guillaumeau de Flaville, Le Tellier, Chavigny, Boissière, Richin, curé constitutionnel de La Valette, Vigneron, vicaire général de Mgr d'Albignac de Castelnau, évêque d'Angoulême ; Olivier, frère lai de l'abbaye de Grosbos ; Cotheret, prêtre bénédictin de Saint-Cybard, et Mmes Roy, Montalembert (veuve) et Louise-Augusta de Montmorency, veuve de Broglie. M. Descordes rédigea, fit signer et présenta une éloquente pétition pour obtenir la liberté des détenus ci-dessus nommés, et aussi celle de plusieurs habitants des districts de Bressuire, Parthenay et Saint-Maixent, hommes, femmes, enfants, nobles, plébéiens, laboureurs, domestiques, envoyés à Angoulême par le représentant Anquis sous prétexte de suspicion, pour les éloigner du foyer de l'insurrection vendéenne. « Ce n'est pas pour nous seuls, disaient les pétitionnaires, que nous désirons la liberté ; elle ne nous sera réellement chère que lorsque nous serons assez heureux pour la partager avec tout l'univers. » La municipalité reçut la pétition, fit lire les pièces produites contre les détenus et constata qu'on n'y trouvait la preuve d'aucun délit à leur charge. En conséquence, le conseil général de la commune ordonna leur mise en liberté. L'arrêté fut signé par André Resnier, maire ; Etienne Souchet, procureur-syndic de la commune ; Limouzain, officier municipal ; Giraud, Roullet, J. Sazerac, Ganivet, Glaumont, T. Chatry, Chaigneau, Callaud aîné, Civadier, Dumontet, Raby, Dupont, Clavaud aîné, A. Bourzac jeune, Blandeau,

Sazerac, curé non assermenté du château d'Oleron, que la tourmente révolutionnaire avait

P.-A. Henry-Villarmain, Mongin, Joffet, Cheneusac, Petit, curé de l'Houmeau, et Limouzain, secrétaire greffier, le 20 juillet 1793.

La libération eut lieu le lendemain (sauf pour MM. Vigneron et Lambert de Ruelle), et les commissaires qui l'avaient accomplie rapportèrent au conseil qu'ils avaient été accompagnés à la tour du château par une foule immense, toute remplie d'allégresse à la vue de cet acte de justice.

Mais le directoire du département n'entendait pas les choses ainsi. Il manda immédiatement à sa barre le maire et le procureur-syndic, avec deux officiers municipaux et deux notables. Le 2 juillet, il suspendit provisoirement de leurs fonctions Resnier et Souchet, défendit aux membres de la commune de délivrer aucun passeport aux personnes élargies et rapporta le tout à la Convention. Par décret du 28 juillet, la Convention suspendit neuf membres du conseil général et ordonna d'emprisonner à nouveau toutes les personnes libérées. Entre temps, trois lâches vinrent *retirer* leur signature : Blandeau et Joffet en rejetèrent la responsabilité sur le procureur-syndic, dont le discours les avait trompés, et Petit, le curé intrus de l'Houmeau, protesta de son patriotisme et de son zèle pour la tranquillité publique, comme si le patriotisme ne pouvait se concilier avec la justice et le respect de la liberté des honnêtes gens !

Du reste, cette platitude ne l'empêcha pas d'être destitué par un nouveau décret de la Convention du 26 août, avec huit autres qui ne s'étaient pas déjugés. Le 31 août, le département ordonna la réintégration des officiers municipaux suspendus, mais le 22 octobre 1793, le représentant Roux-Fazillac révoqua le maire Resnier et le procureur-syndic Souchet, qui furent remplacés par Marvaud et Buchey.

Quant à M. Descordes, l'auteur de la pétition, son incarcération fut ordonnée le 26 août par le décret précité de la Convention. Mais Mme Descordes, qui était enceinte, ayant demandé une audience au représentant du peuple en mission, lui parla avec une éloquence

chassé de sa paroisse (1). Un autre Sazerac (Léon-Hilaire), frère du premier et dit Sazerac des Roches, du nom d'un domaine situé près de Saintes, le tint sur les fonts du baptême. « Il y avait parenté entre nous, disait M. Descordes, du côté de ma grand' mère paternelle, Jeanne Clavaud (2). Il a été, après la mort de son père, directeur des messageries. C'était un fameux original : croiriez-vous qu'il lui fallait un pot de chambre en vermeil ! »

extraordinaire, et, chose fort extraordinaire aussi, elle obtint que l'emprisonnement de son mari fût différé jusqu'à sa délivrance. Il fut statué que, en attendant, il serait gardé dans sa propre maison. Il fut donc relégué dans une pièce au-dessus de son cabinet de travail et les scellés furent apposés sur ses meubles. Or, il avait oublié dans son secrétaire deux lettres d'émigrés, qui l'auraient infailliblement fait condamner à mort. Comme il pouvait voir sa famille sans témoins, il révéla ce secret à son frère, naguère prieur de Saint-Fraigne, Vincent Descordes. Celui-ci recourut à un très honnête et très habile serrurier, M. Laballe (grand-père maternel de M. le chanoine Alexandre) ; on régala bien les gardes, et M. Laballe ayant ouvert l'armoire par l'enlèvement d'un panneau, sans toucher aux scellés, le prieur se saisit des lettres, les brûla dans les latrines et y jeta les cendres. Le 31 août, eut lieu la levée des scellés, mais elle ne fit trouver rien de compromettant. M. Descordes avait de nombreux amis ; grâce à eux, il ne fut pas transféré dans la prison de la ville, même après la délivrance de sa femme, et continua de garder les arrêts forcés parmi les siens ; il ne recouvra cependant la liberté qu'assez longtemps après le 9 thermidor et la chute de Robespierre.

(1) Il y revint après le Concordat et y mourut le 1er janvier 1823.

(2) Jeanne Clavaud, veuve de Jacques Descordes, procureur, mourut le 1er décembre 1826, à 97 ans 8 mois ; sa sœur Anne Clavaud, veuve de Simon Huet, marchand, était morte un peu avant, le 10 janvier 1823, à 95 ans. M. Descordes a bien approché de cette merveilleuse longévité, mais sans l'atteindre.

La marraine de l'enfant fut sa sœur aînée.

Il montra de bonne heure beaucoup de vivacité et de turbulence et ne se plia qu'avec difficulté aux premières exigences de la vie sociale. Il avait soif de liberté et ne pouvait supporter la contrainte. Son intelligence très éveillée lui suggérait espièglerie sur espièglerie : la cuisinière, les femmes de chambre, les commères du voisinage en payèrent souvent les frais et n'épargnèrent pas les malédictions, je n'ose dire les corrections, au lutin malfaisant qui épluchait leurs légumes à sa manière, brouillait leurs écheveaux, brisait le fil de leur quenouille, arrachait les aiguilles de leur tricot ou persécutait leur chat (1).

(1) Toute sa vie, M. Descordes a fait la guerre aux chats. Que de larmes il a causées à Mme X..., à Mme Y... et à Mme Z..., par le meurtre de leur matou préféré ! Il inhumait les cadavres aux pieds des arbres de son jardin, dans la pensée de les faire croître plus vite en leur procurant un riche engrais ; mais, à ce qu'assuraient celles qui pleuraient les pauvres victimes, il en arrivait tout autrement : Dieu est juste,

Et les arbres ne tardaient pas
D'aller de vie à trépas.

Une fois cependant, M. Descordes, à son tour, avait élevé une magnifique chatte, et il y tenait beaucoup... Elle avait un si beau pelage, tant de légèreté et d'élégance dans tous ses mouvements, elle se caressait avec tant de grâce aux plis de sa soutane ! etc., etc. Hélas ! *par pari refertur*, et la malheureuse chatte fut immolée aux mânes des innombrables membres de sa famille que son maître avait occis ; elle tomba sous les coups du vaillant M. M*** M**

M. Descordes eut aussi à subir une autre vengeance : Mme C** et plusieurs de ses voisines, dont il avait foudroyé les chats, prirent, au moyen de souricières, un nombre considérable de souris vivantes et les lui envoyèrent avec un billet ainsi conçu : « Puisque vous avez tué nos chats, recevez nos souris. »

Ce n'étaient pas seulement les étrangers, on le conçoit, mais aussi les membres de sa famille qui avaient à souffrir de ses incartades; cependant il craignait trop son père et aimait trop sa mère pour s'oublier avec eux. Il se dédommageait avec ses sœurs, quoiqu'elles fussent ses aînées, et surtout avec son oncle, M. Vincent Descordes. « Mon oncle, disait-il, après avoir, sous l'ancien régime, reçu simplement la tonsure, s'était vu pourvoir du prieuré de Saint-Fraigne : il payait au vicaire perpétuel, Jacques Guillaume, la portion congrue et employait joyeusement le reste des revenus. Au témoignage de M. de Jansac, il avait été beau cavalier et infatigable danseur « au temps de la jeunesse folle » ; mais l'âge était venu (1), les horreurs de la Révolution avaient passé sur sa tête, il n'avait plus les revenus de son prieuré, et les maigres émoluments qu'il recevait comme bibliothécaire de la ville étaient loin de les remplacer. Je l'ai toujours vu, dans mon enfance, d'une gravité sombre et morose (on eût dit un quaker) et d'une lenteur de tortue dans ses paroles et dans ses mouvements : cela m'agaçait les nerfs. Aussi, un soir qu'il jouait aux dames avec celle de mes sœurs qui fut plus tard carmélite, et qu'il n'en finissait pas de se décider à pousser un pion, je m'approchai prestement, je soufflai les deux bougies et je brouillai tout le jeu. Mon oncle, sans s'émouvoir, se contenta de dire, en scandant les syllabes et en pesant sur chacune d'elles : « Voi-là un en-fant bien mal é-le-vé ! »

M. le prieur n'avait pas tort.

Le père et la mère de cet enfant ne négligeaient rien cependant pour le bien élever; mais, dans sa fougue impétueuse, que ni la religion ni la raison

(1) Né le 26 novembre 1745, M. Vincent Descordes mourut le 17 avril 1817, à 72 ans.

ne pouvaient encore tempérer, il leur échappait sans cesse.

Il avait pourtant un cœur sensible et se montrait reconnaissant de l'affection qu'on lui témoignait. La dernière année de sa vie, il me parlait encore avec attendrissement de la marquise de Saint-Hermine (1), qui avait été bonne pour lui dans sa petite enfance. « Elle m'aimait beaucoup, me disait-il, elle me caressait, elle me donna des jouets, entre autres *un petit ménage* : je m'en souviens toujours. Elle habitait un vieil hôtel de la rue Froide, où les Frères de l'École chrétienne ont bâti leur pensionnat. »

Il n'avait point oublié non plus son grand-oncle paternel (2), jadis curé de Dolus, en Oleron, chez qui il avait « souvent mangé de si bonnes châtaignes », ni Mme Françoise Rizat, de Saint-Claud, l'ancienne religieuse qui lui servait de gouvernante. Il contait que ce pauvre oncle, après avoir hésité, avait fini par prêter le serment à la constitution civile; ce qui ne l'avait point empêché d'être chassé de son église, à la suppression du culte, et même d'être incarcéré à Angoulême pendant la

(1) Nous pensons qu'il s'agit ici de Claire-Jacquette de Culant, veuve de René-Madeleine de Saint-Hermine de la Barrière, morte à Saint-André, le 27 juin 1806, à 60 ans environ, plutôt que Marie-Julie de Vassoigne, veuve de François de Saint-Hermine du Fa de Sireuil, décédée, elle aussi, à Saint-André, le 15 mars 1807, à 90 ans.

M. l'abbé Tricoire (*Le Château d'Ardenne*, p. 121), parle d'une Marie-Julie de Vassoigne, mariée à Hélie-François de Saint-Hermine, le 11 mai 1709, décédée veuve et sans enfants, à Angoulême, en 1765. C'est une chose remarquable que cette coïncidence des noms et prénoms de deux veuves d'un François de Saint-Hermine.

(2) Jean Descordes, né à Saint-André d'Angoulême, le 3 juillet 1721, de Michel Descordes et de Jeanne Rogier.

Terreur. Quand les temps devinrent plus calmes, il rétracta son serment par devant notaire et fut réconcilié avec l'Eglise. Mgr Lacombe le nomma chanoine honoraire. « Malgré son grand âge, il célébrait régulièrement la messe à Saint-Pierre; mais voilà que, un jour, au lieu de se rendre à la sacristie, une fois sa messe dite, il enfile la grande porte de la cathédrale, revêtu des ornements sacrés, portant le calice en main, et se dirige vers la rue Fénelon, en haut de laquelle il demeurait. Le sacristain courut après lui et l'arrêta; et, depuis ce moment, on ne le laissa plus monter à l'autel. Il ne tarda guère à mourir. » Il mourut, en effet, le 18 septembre 1811, à quatre-vingt-sept ans révolus: son jeune neveu en avait alors dix bien sonnés.

Pour dompter le caractère indiscipliné de son jeune fils, autant que pour lui faire apprendre les premiers éléments du latin, M. Descordes résolut de le priver des douceurs de la vie de famille, et il le plaça chez M. l'abbé Cybard Legrand, curé de Châteauneuf. Ce pieux ecclésiastique avait été, avant la Révolution, curé de Champniers; il avait refusé, en 1791, le serment à la constitution civile du clergé; et, quand le décret du 26 août 1792 bannit de France tous les ecclésiastiques insermentés au-dessous de soixante ans, il s'était retiré en Italie. Pourvu, à son retour de l'exil, par Mgr Lacombe, de la cure de Châteauneuf, il avait ouvert un petit pensionnat, où il recevait quelques enfants des meilleures familles du pays. Armand Descordes y eut pour condisciples MM. Zadig Rivaud, Rivaud-Taureau, Philippe Prévost du Las (1) et Guignard, de Bassac. Son séjour au presbytère de Châteauneuf ne dura qu'une année, M. Legrand ayant été obligé, par une grave ma-

(1) Mort vicaire général de Mgr A.-C. Cousseau, le 10 juillet 1869, à soixante-sept ans.

ladie, de renoncer pour quelque temps à l'enseignement. De ce séjour il avait gardé un souvenir agréable; il avait aussi conçu beaucoup de vénération pour son premier maître, qu'il revit plus tard supérieur du grand séminaire, chanoine et vicaire capitulaire. « M. Legrand, disait-il, était un très bel homme, de haute taille, à la parole grave, aux manières distinguées, et dont la physionomie majestueuse empruntait un surcroît de dignité de l'ample perruque blonde qui dissimulait sa calvitie. »

Armand alla continuer ses études au collège communal d'Angoulême, installé, à la place de la ci-devant école centrale, dans l'ancien couvent des Bénédictines de Beaulieu. Il y fit, en compagnie de son frère puîné (1), sa sixième en 1812-1813, sous M. Courcelle; sa cinquième en 1813-1814, sous M. Jobit; sa quatrième en 1814-1815, sous M. Moutardier. Tous ses professeurs eurent à se plaindre de lui, et il s'attira réprimandes sur réprimandes et corrections sur corrections; mais la rigueur était impuissante à le vaincre et il devenait d'autant plus insoumis qu'on l'avait puni davantage. Un jour, je ne sais pour quel méfait, M. Migneret, le principal, l'ayant condamné à rester quelques heures dans la prison du collège, le portier Penot l'y conduisit et crut devoir lui défendre de toucher au carrelage, déjà un peu attaqué : il connaissait bien son homme ! A peine seul, le prisonnier arrache tous les carreaux les uns après les autres, les empile, s'en fait un escalier pour parvenir jusqu'à l'étroite fenêtre, garnie d'un gervis, qui donnait sur la place Beaulieu, et, arrivé au sommet, se met à défoncer le gervis à coups de pied. Pendant cette

(1) Pierre-Louis-Simon Descordes, né le 23 septembre 1804, qui eut pour parrain son grand-père maternel Pierre-Louis-Simon Maillet, ancien notaire, et pour marraine sa grand'mère maternelle, Jeanne Clavaud.

tentative d'évasion, passe le professeur de troisième, M. Girard, qui court avertir le principal. M. Migneret le fait alors descendre au cachot. « Ce cachot, racontait M. Descordes, était une cave voûtée précédée d'un petit vestibule ; la porte du vestibule fermait à clé ; celle du cachot proprement dit n'était retenue que par une traverse appuyée sur deux pattes de fer relevées en équerre et scellées dans les pieds-droits. La chance voulut que, en tâtant dans l'obscurité, ma main rencontrât un petit morceau de bois, et, comme un de mes précurseurs dans ce lieu de plaisance avait percé un trou vers le milieu de la porte, j'introduisis mon morceau de bois dans ce trou et je manœuvrai tant et si bien que je parvins à soulever la traverse ; j'étais dans le vestibule ! Me faisant alors une arme de la traverse, j'attaquai la serrure de la première porte. Cette serrure, *qui était du temps des religieuses,* ne tarda pas à céder sous mes coups, et, tout fier de m'être délivré moi-même, je reparus dans la cour au milieu de mes camarades, qui se pressèrent autour de moi pour me féliciter. A partir de ce moment. M. Migneret renonça, de guerre lasse, à m'enfermer et chercha d'autres moyens de me punir. »

M. Migneret eut pour successeur M. Bourguignon (1), à l'égard de qui l'écolier se rendit plus

(1) M. Pierre Bourguignon, né le 6 mai 1753, était prêtre et jouissait, en 1789, d'une prébende dans l'église de Mur-de-Barrez (Aveyron). Les archives de l'évêché renferment une lettre de sa main, datée du 10 janvier 1814, dans laquelle il déclare à Mgr Dominique Lacombe qu'il a déjà adhéré et qu'il adhère au Concordat, et il prie l'évêque « de l'autoriser à exercer dans son diocèse les fonctions du ministère sacerdotal ». Je ne sais quelle conduite il avait tenue pendant la Révolution, ni quelle réponse l'évêque d'Angoulême fit à sa requête ; à en croire M. Descordes, cette réponse aurait été négative, puisque, d'après lui, M. Bourguignon ne

coupable encore. Habituellement externe, il était devenu interne, d'une manière transitoire, pendant un voyage de son père à Bordeaux à l'occasion du passage de la duchesse d'Angoulême, si je ne me trompe.

M. Descordes, craignant que sa femme n'eût pas assez d'empire à elle seule sur un enfant si turbulent, avait prié le principal de le garder au collège jusqu'à son retour. Or, précisément, pendant cet intervalle, il eut un différend avec son professeur de quatrième, M. Moutardier, qui, jugeant qu'il perdait beaucoup de temps, eu égard surtout à son excellente mémoire, voulut lui imposer l'obligation de réciter certaine leçon de géographie deux jours avant ses condisciples. Armand ne comprit pas ou feignit de ne pas comprendre le motif bienveillant de M. Moutardier; il refusa avec entêtement de se soumettre à ce qu'il appelait une loi d'exception, et fit appel à l'égalité. « Moi, réciter samedi une leçon que les autres ne réciteront que lundi! Non; si vous l'imposez à tous pour samedi, je la réciterai samedi; si vous ne l'imposez pas à tous pour samedi, je la réciterai lundi, comme les autres. Je veux être traité comme les autres! » L'affaire fut portée devant le principal, qui soutint le professeur (il ne pouvait faire autrement) et condamna l'élève récalcitrant au pain et à l'eau pour la journée du dimanche, et au cachot pour la durée de la promenade. Or, au moment où on comptait le prendre pour l'emmener de nouveau dans la vieille cave, dont les portes avaient été consolidées, il réussit à s'échapper, rejoignit ses camarades à la promenade et, le soir venu, rentra avec eux au collège tranquillement et comme si de rien n'était. Une pénitence supplémentaire lui fut

disait pas la messe et qu'il l'appelait toujours « *un prêtre sécularisé* » On verra plus loin pourquoi il me reste des doutes à cet égard.

infligée, sans préjudice de celle du cachot, renvoyée au dimanche suivant. Il essaya encore le même manège que huit jours auparavant ; mais « la garde veillait » et, après avoir couru à toutes les portes sans pouvoir en ouvrir une seule, il fut contraint de revenir, assez penaud, dans la cour de récréation, où ses camarades attendaient impatiemment le départ pour la promenade. Le principal eut le tort, à mon avis, de l'apostropher alors d'une façon railleuse et de le narguer sur l'inutilité de sa tentative de fuite. L'orgueil se révolta dans le malheureux écolier jusqu'à lui enlever la raison : furieux, il s'avança contre le principal en le menaçant et l'insultant. On voulut le saisir ; mais, secondé par un camarade nommé Touzalin, qui lui fit la courte échelle, il s'élança par dessus le mur de la cour qui la séparait du jardin, traversa ce jardin en courant et, grimpant en s'accrochant aux espaliers qui tapissaient le grand mur de clôture, il se laissa glisser de l'autre côté sur la place du Petit-Beaulieu ; il alla rejoindre ses condisciples à la promenade et revint encore avec eux.

Le principal lui signifia qu'il ne voulait plus de lui, ce qui était très sage, mais il le mit à la porte sans le faire accompagner, ce qui l'était moins, et se contenta d'écrire un billet à Mme Descordes pour lui annoncer le renvoi de son fils. Armand, qui commençait enfin à se calmer et à se juger, n'osa pas rentrer à la maison paternelle ; et, pendant que sa pauvre mère et son beau-frère, tardivement avertis, le cherchaient avec angoisse, il se dissimula, grâce aux premières ombres de la nuit, au milieu d'une foule nombreuse qu'avait attirée sur la place Beaulieu une fête nocturne. Quand la foule se fut écoulée, il se coucha sur un banc de pierre et, malgré les tiraillements de son estomac, il s'y endormit profondément.

« Tout est aux écoliers couchette et matelas. »

Comme on était dans la saison des chaleurs, sa santé ne souffrit pas de cette nuit passée à la belle étoile. Le lendemain, il fallut, bon gré mal gré, se présenter au logis et entendre les reproches de sa mère et de tous les siens. M. Descordes père ne tarda pas à revenir de Bordeaux, et il obtint du principal que, malgré sa faute, Armand achevât au collège, en qualité d'externe, l'année scolaire, du reste si près de sa fin.

On s'explique facilement que, après avoir causé tant d'ennuis à ses professeurs du collège d'Angoulême, M. Descordes ne les aimât ni ne les prisât pas beaucoup (1) ; cela est dans la nature. Aussi n'étais-je guère étonné de l'entendre s'exprimer sur leur compte en termes assez durs ; mais j'avoue que, en ce point, son témoignage m'a toujours paru fort suspect et que, si je n'avais connu par ailleurs certain M. Jobit (2) qu'il n'épargnait guère, je n'aurais pas été tenté de lui retirer mon estime. La plupart des écoliers sont trop légers ou trop méchants pour qu'on les croie sur parole quand ils critiquent leurs maîtres.

(1) Il est juste de dire qu'il faisait exception pour M. Moutardier, quoiqu'il l'accusât d'apprendre au jour le jour le grec qu'il enseignait à ses élèves de quatrième. Les travaux et les services de ce digne professeur durant sa longue carrière lui ont concilié l'estime et la sympathie de tous les gens de bien. M. Pierre-Lysias Moutardier est mort à Angoulême, le 25 août 1858.

(2) François Jobit, né à Saint-André d'Angoulême, le 16 janvier 1768, professeur au collège de Saintes en 1789, employé plus tard dans l'administration centrale du département de la Charente, puis professeur au collège, puis bibliothécaire adjoint de la ville d'Angoulême. C'était un pauvre prêtre qui avait embrassé avec ardeur les idées de la Révolution, avait prêté tous les serments, et s'était dégradé lui-même en descendant encore au-dessous de la simple sécularisation. Il mourut à Angoulême, dans l'imbécillité, le 24 novembre 1843.

Je n'avais pas les mêmes raisons de suspecter les dires de M. Descordes, quand il me racontait qu'une de ses distractions favorites était de se faufiler, avec quelques camarades, dans une cour inoccupée de l'ancien couvent de Beaulieu et d'y casser, à coups de pierres, les vitres des bâtiments, également inoccupés, qui entouraient cette cour. Un futur vicaire général, M. Philippe Prévost, se signalait, paraît-il, à cet exercice par une grande adresse et un grand succès. Quand, en 1815, Mgr Dominique Lacombe, qui avait adhéré avec fracas, l'année précédente, à la restauration de l'ancienne dynastie, se rendit au Champ-de-Mai, sans y avoir été envoyé ni mandé par personne, beaucoup de ses diocésains n'en cachèrent pas leur mécontentement, et M. Jean-Baptiste Descordes fut de ce nombre. Armand, pour qui des protestations ne semblaient pas suffisantes, prit sur lui, sans consulter son père, comme on peut le croire, de châtier les palinodies du prélat. Les compagnons ordinaires de ses prouesses s'embusquèrent, sous sa conduite, avec une provision de cailloux, sur le toit de la chapelle des Cordeliers (aujourd'hui chapelle de l'hôpital), qui servait alors de magasin à fourrages et était ouverte presque tout le jour; et, de cette position élevée et très favorable (l'avant-corps qui longe la rue de Beaulieu n'était pas construit alors), ils se mirent à lancer leurs projectiles contre le palais épiscopal (1) et à en abattre les carreaux, comme ils faisaient ceux de l'abbaye de Beaulieu. Mme Beauregard-Labonnelie, nièce de Mgr Lacombe et gardienne de sa maison, se crut obligée de recourir à l'autorité municipale pour

(1) Mgr Lacombe habitait alors la grande maison à colonnes ioniques située en face de l'hôpital. En 1815 elle appartenait à la famille Rivaud; aujourd'hui c'est la résidence de M. Mathé-Dumaine et de son gendre M. Depiot

faire cesser les attaques de ces jeunes garnements : les parents payèrent les dégâts.

M. Descordes, convaincu que son fils ne pouvait plus retourner au collège d'Angoulême, songea d'abord à l'envoyer à Pontlevoy, où se trouvaient déjà quelques jeunes Charentais, notamment M. Terrasson de Montleau. Entre temps, il le faisait travailler dans son propre cabinet, afin de suppléer aux lacunes d'une classe de quatrième mal faite. « Pauvre père ! je l'aimais bien et je le craignais bien aussi quoiqu'il ne grondât guère ; mais son air toujours fort sérieux et son regard pénétrant avaient une grande puissance sur moi. Cependant je trouvais moyen de le tromper ! A côté de la petite table où j'étais installé, s'alignait une collection de cartons poudreux ; au fond d'un de ces cartons, à portée de ma main, j'avais réussi à cacher des livres amusants, choisis dans la bibliothèque. J'expédiais lestement mon devoir, puis je tirais du carton un de ces livres et je le dévorais, pendant que mon père, absorbé dans l'examen d'une question de droit ou dans la composition d'un plaidoyer, me voyant, du reste, quand il levait les yeux, très appliqué, croyait de bonne foi que j'étudiais mes leçons d'histoire ou de grammaire. »

Armand n'avait pas fait encore sa première communion et il était dans sa quinzième année ! M. Descordes avait prié le curé de Saint-André, M. Labeyrie, de le préparer à cette grande action ; mais l'enfant s'était offensé de quelques paroles de ce prêtre, et n'avait plus voulu retourner au presbytère.

Les choses en étaient là, quand M. Descordes entendit parler du petit séminaire de Saint-Jean-d'Angély, établi tout récemment dans l'ancienne abbaye bénédictine de cette ville par M. Dargenteuil (1), qu'une maladie mortelle venait de forcer

(1) *Paul*-René-Louis-César-Auguste-Arnaud Dargen-

à en laisser la direction à son premier successeur,

teuil, né le 17 mai 1784, à Oulme, hameau de Nuaillé, près Aulnay-de-Saintonge (Charente-Inférieure), de Paul-Louis Dargenteuil, chirurgien, et de Marie-Véronique Gormand. Pieusement élevé par sa mère, il tomba dans le désordre à la suite d'un séjour de quatre ans à l'école centrale de Niort, qui, outre les misères communes alors à toutes les écoles centrales, avait en plus celle d'être dirigée par un prêtre assermenté. Ses égarements et le malheur des temps furent cause qu'il n'avait pas encore fait sa première communion à dix-neuf ans. Parti pour Paris en 1804, il y étudia successivement la médecine et le droit, mais sans goût et sans application, tout occupé de ses plaisirs. Tous les jours cependant, fidèle à une promesse faite à sa mère avant le départ, il récitait le chapelet. La grâce l'attendait aux conférences de M. Frayssinous : sa conversion fut entière ; voué dès lors à une vie pénitente, il se sentit appelé à l'état ecclésiastique et devint un des plus fervents élèves de M. Emery, à Saint-Sulpice. Ordonné prêtre en 1810, il fut nommé, par Mgr Paillou, évêque de La Rochelle, Saintes et Luçon, d'abord vicaire de Tonnay-Charente, puis professeur de théologie au grand séminaire de Chavagnes-en-Paillers, et, en 1812, supérieur de l'école ecclésiastique de Saint-Jean-d'Angély. On ne saurait dire combien il éprouva de peines durant les trois ans qu'il gouverna cette maison : elles n'eurent d'égal que le bien qu'il y fit en si peu de temps. Dans la nuit du 3 au 4 mars 1813, un violent incendie consuma une partie considérable du séminaire et y causa pour plus de 150,000 fr. de dégradations ; à la fin de juillet 1814, un de ses élèves se noya en se baignant dans la Boutonne ; la hâte qu'il mit à courir vers le lieu de ce douloureux événement, où il arriva hors de lui-même et tout en transpiration, fut la cause de la phtisie qui l'emporta, après de longues souffrances, le 15 février 1816. Il mourut à Aulnay, à trente et un an et neuf mois. Tous ceux qui le connurent le regardaient comme un saint ; et, de fait, son humilité, sa mortification et sa charité lui attirèrent de Dieu des grâces extraordinaires. Sa *Vie,* écrite par M. l'abbé Augustin

M. l'abbé Mareschal (1). Le bien qu'on disait de cette maison décida M. Descordes à y placer Armand, si le directeur consentait à l'y recevoir. Il ne dissimula aucun des défauts de l'écolier qu'il présentait, ni aucune de ses nombreuses escapades ; il convint qu'on pouvait légitimement redouter un insuccès et même des tentatives de fuite de la part de l'enfant ; mais il conjura M. Mareschal d'essayer.

M. Mareschal était doué d'une heureuse perspicacité ; d'autre part, il était jeune et jeune supé-

Rainguet, supérieur du séminaire de Montlieu (Paris, Gustave Martin, libraire, rue Servandoni, 16, 1846), renferme des faits qu'on pourrait appeler miraculeux.

(1) Jean-Pierre-Mathias Mareschal, né à Cognac, le 28 novembre 1790, prêtre en 1814, un des plus dévoués auxiliaires de M. Dargenteuil à Saint-Jean d'Angély ; son suppléant dès le commencement de l'année scolaire 1815-1816, quand la maladie contraignit celui-ci d'abandonner son cher petit séminaire et de se retirer à Aulnay ; son successeur le 15 février 1816. « La gravité naturelle du nouveau supérieur, son talent pour le maintien de la discipline, la promptitude et l'énergie de ses déterminations dans les circonstances difficiles démontraient que la Providence l'avait formé pour la direction d'un grand établissement. » (*Biographie saintongeaise*, par P.-D. Rainguet.) A deux reprises différentes, en 1825 et en 1835, on lui offrit l'épiscopat, qu'il refusa énergiquement. Sous son habile direction, le petit séminaire de Saint-Jean-d'Angély eut jusqu'à trois cents internes : mais la révolution de 1830 détruisit cette maison, comme tant d'autres semblables. M. Mareschal se retira dès lors à La Rochelle et occupa sa stalle de chanoine, jusqu'à ce que, devenu vicaire général, il s'en démit en faveur de M. Jacquemet, plus tard évêque de Nantes. Il fut nommé supérieur du grand séminaire de La Rochelle et mourut, en sortant de l'évêché, d'une attaque d'apoplexie foudroyante, le 1er juillet 1839, à l'âge de quarante-neuf ans. Ses dernières paroles furent : « Oh ! mon Dieu !... mon Dieu ! » *(Ibid.)*

rieur (il avait vingt-cinq ans et débutait dans le gouvernement du petit séminaire) : il n'avait pas encore perdu, à la suite d'échecs répétés, cette foi en soi-même et en la puissance d'un dévouement sans bornes, cette confiance en la droiture et en la justice de l'élève, avec lesquelles tout bon éducateur entre dans la carrière. Il ne douta ni de son influence future sur Armand, ni de la docilité et de la reconnaissance de celui-ci. L'événement prouva qu'il avait bien jugé ; car aucun de ses élèves ne lui voua jamais une plus haute estime, une affection plus profonde, une gratitude plus durable.

« Je passai donc, au mois de novembre 1815, d'un collège où nous avions parmi nos professeurs des prêtres sécularisés, où nous jouissions d'une liberté effrénée, où nous jurions comme des impies (1), dans un petit séminaire bien réglé, où la

(1) Le collège communal d'Angoulême, à cette époque, devait ressembler beaucoup à celui de Saint-Jean-d'Angély avant que M. l'abbé Dargenteuil en prît la direction. Dans la *Vie* de ce saint prêtre, M. Rainguet en fait le portrait que voici : « On peut dire, sans crainte d'exagération, que jusque-là cet établissement avait été une école où l'on apprenait bien plus le vice que la science. L'instruction religieuse y était nulle, et, si quelques-uns des enfants qu'on y élevait n'avaient trouvé dans leurs familles quelques notions du christianisme, à quinze ans ils n'eussent pas même su ce que c'était que Jésus Christ. La corruption y était ce qu'elle doit être toutes les fois que le frein de la religion vient à manquer. Les désordres de plusieurs étaient publics, sans qu'on songeât à les en reprendre ; souvent même les maîtres s'étaient servi du peu d'influence qu'ils avaient sur les élèves pour leur inspirer de funestes préventions contre la religion et ses ministres; et quelques-uns, non contents de rendre facile à leurs élèves la lecture des mauvais livres, leur lisaient quelquefois, en classe, des ouvrages scandaleux... Les externes et demi-pensionnaires, n'étant soumis à aucune surveillance, se livraient à toutes

religion avait partout la première place et où les maîtres avaient droit, non seulement à raison de leurs fonctions, mais aussi à raison de leurs qualités personnelles, à notre obéissance et à notre respect. Je sentis cela tout d'abord sans m'en rendre bien compte, et j'éprouvai une sympathie naturelle pour le bon supérieur, qui avait dit à mon père, en ma présence, qu'il espérait beaucoup de moi. »

Il ne faut pas croire cependant que le changement de milieu amena chez Armand une transformation immédiate et une conversion miraculeuse ; on se tromperait grandement. Quelques jours après la rentrée, vers la fin du dîner, quand les assiettes et les plats vides n'ont plus de quoi occuper les écoliers, un des camarades d'Armand le provoqua par une bourrade ; inutile de dire que celui-ci la rendit avec usure. Le surveillant (c'était M. Dorion, maître d'étude) accourut et infligea une punition aux deux belligérants. « Quelle justice est-ce là ? s'écria la victime, qui n'avait fait que se défendre. Ces f.... calotins traitent donc l'innocent comme le coupable ! » La sonnette annonçant la fin du dîner suspendit les protestations indignées d'Armand, et, aussitôt après les grâces, le surveillant le conduisit à M. Mareschal, qui était encore debout devant la table, causant avec quelques maîtres. Un mot suffit pour le mettre au courant. « Merci, monsieur, dit-il au surveillant ; laissez-moi cet enfant, je vais m'occuper de l'affaire. »

« Il me prit alors à part et, bien doucement, il me demanda ce qui s'était passé ; je le lui dis aussi exactement que possible, y compris l'injure grossière que je venais de proférer. — Comment, mon pauvre enfant ! me dit-il, vous avez insulté vos maîtres,

sortes de dissipations, au grand détriment des études, et rapportaient aux autres élèves du collège tous ces germes de corruption. » (Pages 141-142.)

qui tiennent la place de monsieur votre père, la place même de Dieu, et qui sont vos amis, puisqu'ils ne restent ici que pour vous faire du bien en vous instruisant et en vous élevant ! Ah ! vous avez eu bien tort de vous oublier de la sorte ; mais vous ne commettrez plus cette faute, n'est-ce pas ? M. Dorion lèvera votre punition, je l'en prierai ; mais je vous prie, vous, mon enfant, de ne jamais en mériter aucune par un méfait semblable. »

« Ces réflexions, si simples et si justes en même temps, et surtout la douceur et la bonté avec lesquelles le supérieur me les adressait, firent sur moi une impression que je n'avais pas encore éprouvée ; je sentis dès lors que M. Mareschal m'avait gagné et que je ne pourrais jamais lui résister en face. Je commis, certes, bien des *peccata* à Saint-Jean-d'Angély ; mais, du moins, je n'insultai plus mes maîtres et je ne jurai plus. »

C'était un progrès appréciable. Armand songea enfin sérieusement à sa première communion ; il lut, avec l'avidité qui lui était ordinaire, nombre de livres édifiants et apprit parfaitement le catéchisme. Ce mot de catéchisme me rappelle une aventure qui précéda de peu de temps la première communion. Le professeur de troisième, M. Menuet, faisait la leçon d'instruction religieuse, quand un camarade d'Armand, un nommé Bardon, lui réclama *son catéchisme*. « Eh ! laisse-moi donc tranquille, répliqua brusquement et à voix assez haute l'élève interpellé ; est-ce que je m'en occupe, moi, de ton catéchisme ? » Cette sortie impatienta le professeur, qui ordonna vivement à Armand de *passer à la porte de la classe* : déplorable usage dont bien des maîtres ne comprennent pas les inconvénients. Le premier mouvement d'humeur calmé, M. Menuet voulut rappeler son élève ; mais il n'était plus là. Justement inquiet, il fait avertir M. Mareschal, qui, se rappelant les paroles de M. Descordes au sujet d'une évasion possible de son fils, s'inquiète davantage lui-même et se met à parcourir toute la maison. Passant à côté de la chapelle, il y entra, non dans l'espoir d'y trouver celui qu'il cherchait, mais pour adorer Notre-Seigneur et lui demander ses lumières (1). Or, voilà qu'il aperçoit Armand dans un coin, un livre à la main. Il l'appelle et lui demande pourquoi il est là. « Eh ! monsieur le supérieur, répond l'élève, quand on est repoussé par les hommes, il faut bien se réfugier auprès de Dieu. — Quel est ce livre que vous lisez ? — *La Vie de saint François d'Assise*, monsieur le supérieur. »

M. Mareschal le gronda avec infiniment de douceur et le reconduisit en classe. Armand disait, le lendemain, en badinant, à son camarade Daunas (2) : « C'est un peu fort que, dans une maison religieuse comme celle-ci, on vienne me relancer jusqu'à la chapelle, quand, chez les païens mêmes, les temples étaient des lieux d'asile ! » Le propos fut rapporté au supérieur, qui en rit beaucoup avec ses confrères. « Comment trouvez-vous ce

(1) C'est le 21 février 1890 que M. Descordes me fit ce récit ; il venait de lire *La Vie du Bienheureux Perboyre*. « En passant devant la chapelle, me dit-il, M. Mareschal fit, suivant son propre usage, ce que faisait M. Perboyre : il entra pour adorer Notre-Seigneur au Saint Sacrement. » Or, au moment où il prononçait ces paroles, le souvenir de la piété de son maître et la pensée de la bonté de Jésus mirent des larmes dans ses yeux et dans sa voix. Il se raffermit au bout d'une minute et acheva la narration commencée. Cette émotion du vénérable vieillard n'est-elle pas touchante ?

(2) Louis-Jean-Charles Daunas, né à Tonnay-Boutonne, en 1795, fut curé de Saint-Vivien de Saintes, dont il fit reconstruire l'église. C'était un saint prêtre, doux, modeste et charitable ; mort le 4 janvier 1851, après une longue maladie.

garçon-là ? leur disait-il. Au lieu de s'irriter de l'humiliation subie, il est tranquillement à l'église à lire les vies des Saints ! »

L'année s'acheva d'une façon assez heureuse, mais les vacances de 1816 ne furent pas irréprochables. M. Descordes en fit part à M. Mareschal, qui put, en lui répondant, au commencement de 1817, lui donner quelque consolation et lui apprendre que son fils se livrait décidément au bien. Cette lettre nous semble mériter d'être citée :

D. S. (1)

« Saint-Jean-d'Angély, 5 janvier 1817.

« Monsieur,

« J'ai été mortifié que vos occupations de campagne (sans doute les vendanges) ne vous aient pas permis de nous conduire vous-même votre fils ; nous aurions eu par là le plaisir de vous voir, et c'eût été pour moi un véritable sujet de satisfaction.

« Je ne sais si les observations que je fis à Armand, d'après ce que vous me mandiez dans la lettre qu'il m'a remise de votre part, ont produit l'heureux effet que nous apercevons tous en lui depuis son retour. Je lui exprimai tout le mécontentement que me causait celui qu'il vous avait causé à vous-même ; il y parut sensible et me promit qu'il nous ferait tout oublier. Il a tenu parole et, sous tous les rapports, nous sommes satisfaits de lui. Il ne lui reste rien de sa vieille indocilité ; il travaille avec application et son professeur fait l'éloge de ses progrès. Je vois comme vous, monsieur, qu'il est encore bien léger et bien irréfléchi ; moins cependant que l'année dernière. C'est un défaut qui ne passera qu'avec l'âge et que je crois intéressant de ne pas attaquer trop vigoureusement. Son imagination ardente a besoin de quelque occupation : il la trouve dans des choses bien enfantines. Je lui en fais honte parfois, mais doucement ; il se tour-

(1) Ces deux lettres, D. S., signifient : *Dieu seul.*

nerait peut-être d'un autre côté ; ce que je croirais dangereux jusqu'à ce que son cœur soit formé et qu'il ait des principes sur lesquels on puisse compter.

« Je vous exprime naïvement ma façon de penser, Monsieur ; si nous ne nous rencontrions pas dans nos manières de voir, je me ferais un plaisir et une obligation de suivre vos sentiments, qui ne peuvent être appuyés que sur la sagesse. Je suis franchement attaché à Armand à cause des qualités que je découvre en lui et de l'intérêt que je porte à sa respectable famille.

« Veuillez agréer mes souhaits de bonne année et l'assuranee des sentiments respectueux avec lesquels j'ai l'honneur d'être, Monsieur, votre très humble et très obéissant serviteur.

« P. Mareschal,

« Supérieur du Petit Séminaire. »

On ne peut qu'admirer le ton de dignité de cette lettre, la modeste assurance avec laquelle le jeune supérieur expose son opinion et la déférence bien légitime qu'il marque à son correspondant. On y constate l'influence qu'il exerçait déjà à cette époque sur l'enfant remis à ses soins, et on voit les moyens qu'il avait employés pour conquérir cette influence : l'affection, la douceur, la patience. M. Mareschal « était franchement attaché à Armand ». C'était bien par là qu'il fallait commencer. *Si vis amari ama.* C'est dans les liens d'une tendresse toute paternelle qu'il sut enlacer l'élève réfractaire, *in funiculis caritatis*, les seuls par lesquels on puisse conduire l'homme vraiment digne de ce nom, *in funiculis Adam* (1). Il est, je le sais, des enfants et des jeunes gens inaccessibles à cette bienfaisante séduction, qui deviennent plus méchants même à mesure qu'on leur témoigne plus de bonté, comme les geôliers de saint Ignace le mar-

(1) Osée, xi, 4.

tyr, *quibus cum benefeceris, pejores fiunt* (1) : ce sont les égoïstes, les sans-cœur. Grâce à Dieu, cette race perverse ne domine pas dans les collèges catholiques, et Armand n'en était point. Il se sentit aimé et il aima. Ajoutons qu'il se sentit estimé, non pas pour ce qu'il avait fait, mais pour ce qu'on le croyait capable de faire : de là une noble émulation et un sincère désir de justifier des espérances dont il était honoré. Malgré sa vivacité personnelle (2), M. Mareschal se fit une loi de traiter

(1) Lettre de saint Ignace, évêque d'Antioche, aux Romains.

(2) Voici ce qu'en dit M. Rainguet dans la *Vie de* M. Dargenteuil, pages 175-176 : « M. Mareschal, qui lui succéda, fut son plus bel ouvrage : vif, spirituel, ardent, il avait, ce qui n'est que trop ordinaire au commencement de la vie, l'excès de ces qualités. Prompt à se décider lorsqu'il fallait agir avec mesure et maturité, tantôt il s'élevait contre les moindres abus avec une âpreté qui aurait pu tout compromettre; tantôt il s'exagérait les difficultés des affaires ou les défauts des élèves, jusqu'à se laisser abattre par le découragement. Dargenteuil, dans l'abandon de leur vie intime, l'avait surnommé *le baron de l'impétuosité*. Il savait profiter habilement des lumières du jeune professeur et se mettre en garde contre les exagérations de son inexpérience; c'était en riant qu'il accueillait toutes les saillies de son impétuosité; et, comme il le dominait par l'ascendant de sa vertu, non moins que par sa haute raison, il réussit à assouplir ce caractère, naturellement impérieux, aux exigences de la vie ; il dirigea les forces sans les briser; et, avec une égalité d'humeur que rien ne démentait, une persévérance que rien ne peut lasser, il parvint à placer dans cette âme si richement douée, à côté de la promptitude du coup d'œil et de l'énergie de la volonté qui font l'homme d'action, la discrétion, la prudence, la longanimité qui font l'homme sage. M. Mareschal racontait lui-même, peu de temps avant sa mort, les soins de cette seconde éducation, et il aimait à reconnaître qu'il lui devait beaucoup. »

Armand, en toutes choses, avec une douceur constante, qui sembla plus d'une fois excessive. Ménageant son amour-propre, c'est surtout en particulier, dans des entretiens intimes, qu'il lui faisait avouer et condamner ses fautes ; qu'il s'adressait tour à tour à sa raison naissante, à sa sensibilité, à sa conscience : qu'il lui apprenait l'obligation, la nécessité pour le chrétien de lutter contre lui-même et de livrer des combats sans trêve ni merci à ses défauts. Il ne négligeait pas de lui rappeler souvent les droits de la famille, de la société, de l'Eglise, de Dieu. Et après, il savait attendre, sans prétendre les hâter outre mesure, les fruits de ses labeurs incessants ; il ne s'étonnait pas, il ne s'irritait pas, il ne se décourageait pas de voir l'écolier, « léger et irréfléchi », occuper « son imagination ardente » à « des choses bien enfantines » et l'employer à inventer quelque mauvais tour non renouvelé des Grecs.

On vint lui dire un jour qu'Armand, embusqué au-dessus d'une porte où passaient les laitières, fruitières, marchandes de légumes, etc., avait, par le moyen d'un hameçon suspendu à une gaule, enlevé la large coiffe d'une de ces bonnes femmes, qui criait comme une perdue et demandait vengeance de son insulteur. Tout sérieux qu'il était, il eut d'abord quelque peine à réprimer un fou rire ; mais il s'empressa d'apaiser et de dédommager la pauvre victime, puis il « fit honte » à l'espiègle de son escapade et l'obligea même, je crois, à en demander pardon à l'offensée. Cela suffit pour le décider à délaisser sans retour ce nouveau genre de pêche à la ligne (1).

(1) La tradition impute à M. Descordes un autre exploit dont il m'a formellement déclaré n'être point l'auteur. Une campagnarde se présentait pour la première fois au séminaire, un panier plein d'œufs au bras, demandant à qui s'adresser pour les vendre. Un

Les maîtres d'Armand secondèrent avec autant d'habileté que de dévouement l'œuvre du supérieur. Celui qui, dans la lettre précitée, rendait témoignage de ses progrès était M. l'abbé Fradin, son professeur de seconde. « C'était un saint prêtre, disait M. Descordes : il nous inspirait le goût du travail, mais surtout l'amour du bon Dieu et la dévotion envers la sainte Vierge. » M. l'abbé Joseph de la Croix, qui fut aussi son élève, m'en parlait dans les mêmes termes ; il ajoutait que M. Fradin aimait beaucoup l'exercice des vers latins et en tirait un excellent parti pour apprendre à ses élèves la belle langue de Virgile. Sous la conduite de ce pieux et sage professeur, Armand étudia soigneusement les préceptes littéraires, qu'il était d'usage alors de ne pas dédaigner comme aujourd'hui ; il

élève s'empresse, s'offre pour guide, la mène par un long corridor, et l'introduit dans un vestibule, au fond duquel s'alignaient plusieurs portes. Il lui en désigne une et lui dit : « Frappez là et on viendra vous répondre » ; puis il s'échappe légèrement. La femme, restée seule, frappe, frappe encore, et, personne ne venant, soulève le loquet. Qu'aperçoit-elle ?... Furieuse d'avoir été jouée, elle se retourne vers la porte du vestibule ; mais l'espiègle, en fuyant, l'avait fermée par dehors. Elle l'eût enfoncée, si M. Mareschal, averti par le bruit, ne fût accouru. « Eh ! comment êtes-vous ici, ma pauvre femme ? Qui vous a conduite ici ? » Mais la campagnarde, qui ne le connaissait pas, le tenant pour complice du coupable, ne voulut écouter ni ses questions, ni ses excuses, et, lui montrant le poing : « *Ah! les bons g'hens d'Eglhise !* » s'écria-t-elle. Parole d'une saveur toute particulière dans la bouche de cette saintongeaise, plus ou moins remplie de l'esprit huguenot, « C'est Charles Person, de La Rochelle, disait M. Descordes, qui, de mon temps, fit cette farce. J'en ai assez à mon compte sans endosser celles d'autrui. *Cuique suum*. » C'est trop juste ; aussi est-ce dans une préoccupation de justice (qu'on le croie bien) que je place ici cette note.

s'essaya dans des compositions à sa portée : descriptions, amplifications, narrations, et, en novembre 1817, il était dignement préparé pour la classe de rhétorique.

L'objet de cette classe était particulièrement l'étude du discours, d'après les théories oratoires de Cicéron et les beaux exemples qu'il a laissés. Le jeune rhétoricien, en qui s'allumaient les premières flammes de l'éloquence, trouva beaucoup de charme dans cette classe, dont le professeur était, du reste, un homme distingué, intelligent, spirituel, beau diseur. Armand l'aimait cordialement et en était très aimé. M. Duchesne (c'était le nom de ce professeur) lui accordait aussi une grande liberté, dont l'écolier usait avec sa franchise et sa hardiesse ordinaires.

En ce temps-là, le port de la soutane en dehors des fonctions sacrées ne s'était pas encore généralisé parmi les prêtres (1), et M. Duchesne en profitait pour s'habiller à sa mode et faire un peu l'élégant. Armand l'en raillait et lui citait l'autorité d'un réformateur du XVIIe siècle, d'un ami de saint Vincent de Paul, le célèbre Adrien Bourdoise, prêtre de Saint-Nicolas-du-Chardonnet et supérieur du séminaire des Bons-Enfants « Eh ! monsieur, disait-il, que penserait M. Bourdoise, s'il ressuscitait et vous voyait avec votre chemisette fine, vos bottes lustrées et votre redingote bleue, lui qui réclame tant de simplicité et condamne tout luxe et toute recherche dans la tenue des ecclésiastiques (2) ? »

(1) Voici ce que dit à ce sujet M l'abbé Rainguet, dans la *Vie* de M. Dargenteuil, page 84 : « Le curé d'Aulnay avait, au sortir de la persécution, conservé l'usage, très commun à cette époque (ce qu'ordonnait même un décret, à l'exécution duquel on ne tint pas toujours rigoureusement), de ne porter la soutane qu'à l'église.»

(2) M. Duchesne avait, paraît-il, le goût des chevaux

Les trois années passées à Saint-Jean-d'Angély par Armand Descordes décidèrent de toute sa vie. Dans cette atmosphère d'honnêteté et de piété. les heureux germes des vertus qui étaient en lui s'épanouirent, et la main délicate de M. Mareschal en dirigea le développement.

C'est là que M. Descordes acquit cette foi si pure et si forte, ce respect filial de l'Eglise et du Pape, ce zèle pour les intérêts de Jésus-Christ, qui ne se démentirent jamais. C'est là que s'affermirent cette droiture, cette loyauté, cet amour de la justice, qui étaient, sans doute, dans sa nature, mais que le vice aurait déformés. C'est là que, suivant une belle expression de M. de Châteaubriand, il fut *sacré honnête homme* (1). C'est là aussi que Dieu lui révéla au cœur ses desseins de spéciale miséricorde et lui fit entendre qu'il le voulait dans le sanctuaire. C'est donc à cette maison bénie qu'il dut sa conversion, sa vocation et son élection. Il est juste de dire qu'il ne fut ingrat, ni à l'égard de Dieu, ni à l'égard de l'école où il avait appris à l'aimer, ni à l'égard des maîtres qui avaient fait son éducation. A ceux-ci il prodigua constamment les témoignages d'une respectueuse affection; ce fut toujours une joie bien vive pour lui de revoir son cher petit séminaire, et il se donna généreusement à Dieu par le sacerdoce.

Avant de le laisser s'engager dans une voie si haute, son père voulut d'abord l'éprouver; et, comme il n'y avait pas de classe au-dessus de la rhétorique à Saint-Jean-d'Angély, il le garda auprès de lui durant l'année scolaire 1818-1819, et l'envoya suivre, en qualité d'externe, le cours de

et se laissait tromper par les maquignons, qui lui en vendirent un *sans langue*. On peut penser si l'aventure égaya ses élèves et s'ils en firent des gorges-chaudes.

(1) *Mémoires d'Outre-Tombe.*

philosophie que faisait, au grand séminaire d'Angoulême, M. Pagès (1), ancien religieux cordelier et docteur en théologie.

« J'avais là pour condisciples, outre les séminaristes internes, quelques jeunes laïques comme moi, MM. Comandon, Binche, Maigne. En nous exhortant au travail, M. Pagès nous cita un jour ce distique, probablement de sa composition :

Non jacet in molli veneranda scientia lecto,
Ipsa sed assiduo parta labore venit,

et nous demanda de le traduire en un distique français. Je n'y réussis point; car je n'ai jamais pu faire qu'un seul vers sur n'importe quel sujet, et il m'a toujours été impossible de trouver le second. Mon camarade Maigne fut plus habile que moi; voici sa traduction ou à peu près :

La science n'est pas pour qui dort mollement :
Il la faut acheter par un labeur constant. »

C'est à cette période de la vie de M. Descordes qu'il convient de rapporter le trait suivant ; il avait, m'a-t-il dit, dix-sept ou dix-huit ans, quand la chose arriva. Il y avait alors à Angoulême un ancien curé de Feuillade, M. Jean-Baptiste Chavigny, confesseur de la foi pendant la Révolution, qui avait d'abord adhéré au Concordat en 1802, mais qui, désespéré par les duretés de Mgr Dominique Lacombe, s'était jeté dans le schisme de la Petite Eglise. Ce malheureux ne reconnaissait plus aucune valeur au grand acte par lequel Pie VII avait sauvé l'Eglise de France et se croyait seul pourvu de juridiction dans le diocèse d'Angoulême, comme délégué par l'ancien évêque, Mgr Philippe-

(1) Jean-Clair Pagès, né à Massac (Ariège), le 28 février 1751, fut curé de Dirac (1823), curé de La Couronne (1830), démissionna en 1832, et mourut chez son successeur, qui était aussi son neveu, le 16 février 1835.

François d'Albignac de Castelnau. C'était une déplorable erreur. Armand Descordes, plein de foi en la papauté, rencontra un jour, sur le rempart du Nord, près de l'ancien Carmel, le pauvre M. Chavigny, affaibli plus encore par les infirmités que par l'âge, et, cédant à un élan de son impétueuse nature, il s'approcha de lui de façon à être bien entendu, et lui adressa avec force ces paroles, condamnation formelle de tous les schismes : *Tu es Petrus et super hanc petram ædificabo Ecclesiam meam et portæ inferi non prævalebunt adversus eam*. Le vieillard jeta un regard triste sur cet adolescent qui osait lui faire la leçon, et passa sans rien répondre (1).

(1) Il mourut le 9 janvier 1827, à 67 ans. Il ne fut pas privé de la sépulture ecclésiastique et son corps fut présenté dans l'église Saint-André : pourrait-on en conclure qu'il mourut pénitent ? Dieu le veuille.

CHAPITRE II.

M. DESCORDES A SAINT-SULPICE.

En 1819, M. Armand Descordes entra au grand séminaire de Saint-Sulpice : il y passa cinq années qui lui parurent courtes, parce qu'elles furent bien remplies. Sérieusement décidé à se consacrer à Dieu, il mit à profit les secours que le séminaire lui offrait pour sa formation à la piété et à la science ecclésiastique. Je pourrais, pour définir la manière dont il passa ces cinq années, emprunter, en les modifiant un peu, quelques mots de l'épitaphe du pieux et savant dom Calmet, abbé de Senones, en Lorraine : *legit, scripsit, oravit bene.* En d'autres termes, il fut un bon séminariste... sans cependant cesser d'être lui...

Le supérieur du séminaire et de la compagnie de Saint-Sulpice, M. Duclaux, pour continuer l'œuvre de M. Mareschal, employa les mêmes moyens, la douceur et la bonté : aucun autre n'eût réussi. Souvent Armand lui demandait la permission de sortir en ville après le dîner, ne manquant jamais d'ajouter : « Je serai rentré pour le chapelet. — Serez-vous bien rentré pour le chapelet ? — Oui, monsieur le supérieur », répondait-il avec aplomb ; et, de fait, il rentrait exactement ; mais il avait une heure de liberté, qu'il employait à visiter un monument ou à bouquiner chez le libraire Méquignon. En hiver, les jours de congé, quand le chemin d'Issy au séminaire était défoncé par la pluie ou la neige, Armand guettait, vers le soir, le moment où M. Duclaux allait partir en carrosse pour revenir à la ville, et lui offrait son bras avec empressement, afin qu'il s'y appuyât en descendant les nombreuses marches du perron. « Voulez-vous monter en voiture avec moi, mon enfant ? — Oh ! monsieur le supérieur, je craindrais de vous gêner. – Non, non, vous ne me gênerez pas. Montez. » Et Armand jetait, en passant, un regard malicieux sur ses camarades, qui pataugeaient dans la boue. Il avertissait M. Duclaux à l'approche du cimetière de Vaugirard. « Eh bien ! mon enfant, récitons le *De profundis* pour nos défunts ! » Le vénérable vieillard se prêtait volontiers au manège du séminariste avisé, sans en être dupe toutefois, car il lui arrivait de dire en souriant : « M. l'abbé aime bien la voiture ! »

Armand, du reste, ne bornait pas là son obligeance. Au commencement de chaque année, suivant l'usage, M. Duclaux lisait le règlement devant toute la communauté réunie à la salle des exercices ; mais sa vue avait baissé et, malgré les deux bougies qui l'éclairaient, toujours suivant l'usage ; quoique, d'autre part, il sût le règlement par cœur, de temps en temps il hésitait ou s'arrêtait. M. Descordes lui souffla d'abord quelques mots : puis, voyant ses services acceptés, il s'enhardit jusqu'à se tenir auprès de lui pour l'aider dans les endroits difficiles. Un soir, M. Duclaux lisait le passage où il est recommandé aux séminaristes de ne pas manger seulement la croûte du pain, en laissant la mie traîner sur les tables ; sinon, le cuisinier devrait, pour ne rien perdre, mettre la mie dans la soupe ; et le texte ajoutait : *ce qui la rendrait mauvaise*. *Très mauvaise,* souffla

M. Descordes, et le bon M. Duclaux reprit : *ce qui la rendrait très mauvaise*. Malgré les rires étouffés des séminaristes et les regards menaçants de M. Garnier, le directeur du séminaire, le souffleur demeura impassible et ne sourcilla pas.

M. Garnier n'avait point la même sympathie ni la même indulgence pour Armand que le vénérable supérieur : il le trouvait trop espiègle. M. Carrière le jugeait comme M. Garnier, depuis certain incident qui s'était produit dans sa classe. Les élèves avaient entre les mains le *Manuel de théologie* de Bailly (1). On ne s'étonnera pas que M. Carrière ne fut point toujours pleinement satis-

(1) Louis Bailly, né à Bligny, près de Beaune, en 1730, bachelier de Sorbonne, chanoine de la cathédrale de Dijon et professeur de théologie dans cette ville pendant vingt-cinq ans, promoteur du diocèse, insermenté et réfugié en Suisse pendant la Révolution, refusa, lors de la paix de l'Eglise, de devenir le vicaire général de Henri Reymond, le nouvel évêque de Dijon, précédemment intrus de Grenoble, et se consacra tout entier au service spirituel des pauvres dans l'hospice de Beaune. Il mourut en 1808. Il avait publié, dès 1789, sa *Theologia dogmatica et moralis*. 8 vol. in-8°; il en donna, en 1804, une édition adaptée aux circonstances et aux usages introduits par le Code civil et le Concordat. Ce livre, souvent réimprimé, fut adopté dans un grand nombre de séminaires de France. (*Biographie de Feller*, revue par F. Pérennès, éd. Migne.) Il était toujours en faveur, quand il en tomba un exemplaire sous les yeux de Pie IX, qui le fit dénoncer immédiatement au préfet de la congrégation de l'*Index* (Cfr. *Correspondance du cardinal Pie et de Mgr Cousseau*, page 148.) Un décret le condamna le 7 décembre 1852, avec la clause *donec corrigatur*. M. E. Rosset, supérieur du grand séminaire de La Rochelle, dans une note que reproduit la *Correspondance* précitée, page 145, dit : « La condamnation de la Théologie de Bailly est un des actes les plus importants du pontificat de Pie IX. Ce fut le coup de mort du gallicanisme. »

fait des exposés et des opinions du *Manuel*, ni qu'il dictât de longues notes, soit pour en corriger, soit pour en compléter les doctrines : ce qui étonnera, c'est que, par respect pour les élèves, on les laissait libres de recueillir ou de ne pas recueillir ces notes. Presque tous, du reste, les consignaient avec soin dans des cahiers; Armand lui-même le faisait pour les dictées de M. Hamon, le professeur de dogme, et je ne sais pourquoi il négligeait celles de M. Carrière, le professeur de morale. Toujours est-il qu'une fois M. Carrière l'ayant interrogé sur quelques-unes de ces notes, qu'il avait précédemment indiquées comme objet de la leçon, celui-ci s'excusa en alléguant qu'il ne les avait pas apprises. « Il est vrai, dit M. Carrière, que vous n'étiez pas obligé de prendre ces notes ; mais pour les apprendre il fallait les prendre ; qui veut la fin veut les moyens. — C'est sans doute, monsieur, répondit froidement l'élève, que je n'ai pas voulu la fin ! » C'était raide, on en conviendra ; et ce qui prouve la débonnaireté de M. Carrière et, en même temps, son amour de la logique, c'est qu'il ne punit pas cette réponse.

Un peu avant le carême de 1824, M. Descordes, qui était à Saint-Sulpice depuis cinq ans, exprima le désir de passer l'année suivante à la Solitude d'Issy, parmi les aspirants de la compagnie, sans vouloir toutefois s'y engager lui-même : il se proposait seulement de se préparer, par un plus grand recueillement, à la réception des ordres sacrés, sous la direction de M. Mollevault, qu'il aimait beaucoup. M. Duclaux ne vit aucun inconvénient à sa demande et la lui accorda. M. Garnier fut d'un tout autre avis. « M. le supérieur, dit-il, tout va bien à la Solitude; M. Descordes y porterait le désordre. » Le supérieur céda devant les remontrances de son assistant, et la permission fut retirée. Or, le hasard voulut que, la veille du premier dimanche de carême, ce fût à M. Descordes de composer et de débiter ce qu'on appelle, en langage sulpicien, *le petit mot de piété*. Il prit pour thème la tentation de Notre-Seigneur au désert, que raconte l'évangile de ce dimanche. Après diverses réflexions sur les circonstances de la tentation, il ajouta : « J'aurais voulu, Seigneur, être avec vous dans la solitude pour y mieux jouir de vos divines communications, pour y entendre votre parole sans être troublé par aucune préoccupation mondaine, par aucun bruit étranger. Et cependant, à certaines heures de lassitude et de dégoût, cette solitude peut-être m'aurait paru pénible et désolante, si j'y avais été dans les mêmes conditions que vous ; car, suivant l'évangéliste, vous n'y aviez d'autre compagnie que celle des bêtes. *Eratque cum bestiis* » (1).

On peut croire que ce *petit mot* ne passa point sans soulever de vives protestations. On rapporta la chose à M. Duclaux, en l'envenimant autant qu'on put ; mais on ne réussit pas à l'irriter contre M. Descordes. « Apaisez vous, messieurs, apaisez-vous, disait-il ; mais enfin, c'est de l'Ecriture, cela ! » Il ne voulut rien voir de plus. Cependant le coupable trouva l'occasion d'avouer sa faute : le lendemain il demanda, et son condisciple l'abbé Dassance avec lui, la permission d'aller entendre une conférence de M. Frayssinous : M. Duclaux accorda la permission sans difficulté, puis, s'adressant à Armand : « Voyons, mon enfant, qu'est-ce donc qui causait hier l'agitation de vos confrères? — Oh! monsieur le supérieur, peu de chose : c'était encore un malheureux écart du vieil homme ! »

Vers la fin du carême de 1823, il éprouva un malaise, qu'il attribuait « au manque d'exercices physiques suffisants (il était intrépide marcheur

(1) Marc. I, 13. *Et erat in deserto quadraginta diebus et quadraginta noctibus, et tentabatur a Satana, eratque cum bestiis, et angeli ministrabant illi.*

et vaillant cavalier) et au vin de Cahors extrêmement capiteux » qu'on buvait au séminaire. Il vint donc, sur l'avis du médecin, M. Fizeau, respirer pendant quelque temps l'air du pays natal et se trouva dans sa famille pendant la semaine sainte.

Le jeudi, après avoir assisté le matin à la messe de la cathédrale, il eut la pensée de se rendre le soir aux *ténèbres*, dans sa paroisse de Saint-André. « Le curé, M. Labeyrie, et ses deux chantres, le vieux Lavigne, oncle de Paul Cognet (1), et le vieux Roche, sacristain, écorchaient à qui mieux mieux ce bel office. » C'est, comme on voit, une mode déjà ancienne. Ecœuré, Armand sortit de l'église, revint chez lui et prit ses cahiers de théologie : une thèse solidement bâtie de M. Hamon, sur la résurrection de Notre-Seigneur, lui parut offrir la matière d'un beau sermon; il se mit à l'œuvre et en écrivit le premier point. Le lendemain, il alla visiter le supérieur du grand séminaire, M. Gratereau, qui était aussi curé de Saint-Martial; or, juste à ce moment, son vicaire, M. Coullet (2), en même temps aumônier du collège communal, venait l'avertir que, obligé de confesser, pour leurs Pâques, les élèves du collège, il n'aurait pas le loisir de se préparer à prêcher le dimanche suivant. Cette communication jeta M. Gratereau dans un grand embarras; pendant qu'il demeurait songeur : « Voulez-vous que je vous remplace, moi ? » dit en riant Armand à M. Coullet. Celui-ci prend la

(1) M. Paul Cognet, ancien curé de Jarnac, mort chanoine de la cathédrale, à Angoulême, le 12 janvier 1880, à 73 ans.

(2) Pierre-Honoré Coullet fut curé de Saint-Martial après y avoir été vicaire; il mourut, chanoine honoraire et aumônier de la prison, le 17 décembre 1862, à 64 ans. C'était un prêtre remarquable par sa charité envers les pauvres, la vivacité de son esprit et ses saillies originales. Dieu me garde d'entreprendre jamais sa biographie !

balle au bond ; mais alors M. Descordes de s'excuser, de faire remarquer qu'il n'avait encore jamais prêché, pas même le sermon des vacances ; que, du reste, il n'était que tonsuré et que l'évêque ne lui permettrait point de monter en chaire. M. Gratereau écoutait. « Sérieusement, dit-il, pouvez-vous faire le sermon ? Vous nous rendrez grand service. Quant à l'autorisation nécessaire, je me charge de l'obtenir de Monseigneur. » M. Descordes, mis au pied du mur, s'expliqua et finit par accepter. Il courut chez lui, acheva le sermon commencé, travailla énergiquement à l'apprendre par cœur, et vint le prêcher à Saint-Martial après les vêpres de Pâques. Il récita, avec beaucoup d'aplomb et avec une vitesse vertigineuse, l'exorde et une partie du premier point ; là, il manqua de mémoire. Sans se déconcerter, il se pencha dans la chaire, consulta son manuscrit, et se relança plus vite qu'auparavant. M. Rochat (1), ancien principal du collège, placé en face de la chaire, essayait par des gestes répétés de modérer la rapidité de son débit ; mais c'était peine perdue. L'orateur allait à tire d'ailes, et, sans nouvel arrêt, il arriva jusqu'au bout. Quelques-uns de ses familiers le raillèrent un peu. « Tu es tombé dans l'eau ! — Ça m'est bien égal, répondait-il ; je pars demain pour Saint-Sulpice. » Mais ça lui était moins égal qu'il ne le disait.

Peu de jours avant ce départ pour Saint-Sulpice, M. Descordes, sachant que Mgr Dominique Lacombe baissait et craignant que la vacance du siège ne durât longtemps, avait obtenu des lettres dimissoriales pour les ordres mineurs et le sous-diaconat. L'événement prouva que la précaution était sage. Pâques tombait, en 1823, le 30 mars ;

(1) Guillaume Bergeron-Rochat, principal honoraire du collège d'Angoulême et professeur d'histoire, décédé à Angoulême, le 9 avril 1830, à 59 ans.

huit jours après, le 7 avril, le prélat mourut presque subitement. M. Valette (1), directeur au grand séminaire, en écrivit à M. Descordes, qui fit insérer sur ce sujet, dans la *Quotidienne* (2), l'entrefilet suivant :

« La mort de M. Lacombe (3) a produit une vive

(1) Laurent Valette, né à Saint-Affrique (Aveyron), le 2 juin 1797, fut supérieur du grand séminaire de 1831 à 1853 et mourut chanoine le 6 janvier 1867. Il était entré au séminaire comme directeur dès 1821.

(2) *Quotidienne*, numéro du 23 avril 1823.

(3) Dominique Lacombe, né à Montréjeau (Haute-Garonne) autrefois du diocèse de Saint-Bertrand de Comminges, le 27 juillet 1749, entra chez les Doctrinaires à seize ans, professa dans diverses maisons de sa congrégation et fut nommé, en 1788, principal du collège de Guienne, à Bordeaux. Partisan déclaré de la Révolution, il fut élu, en 1791, curé constitutionnel de la paroisse nouvelle de Saint-Paul de Bordeaux, et joua un rôle important dans le schisme. Délégué par le presbytère bordelais au conciliabule que les schismatiques tinrent à Paris en 1797, il devint, l'année suivante, le successeur de Pierre Pacareau, comme évêque de la Gironde et métropolitain du Sud-Ouest : il fut sacré à Paris, le 11 février 1798, par Jean-Pierre Saurine, évêque des Landes. Au Concordat, il compta parmi les douze constitutionnels que Bonaparte fit agréer, sur les conseils de Fouché, par le cardinal-légat Caprara ; il prit possession de l'évêché d'Angoulême le 20 juin 1802. Bientôt on sut, par la publication voulue de lettres signées de son nom, auxquelles s'ajoutèrent ses déclarations verbales, qu'il n'avait nullement rétracté son adhésion à la constitution civile, ni accepté du légat l'absolution des censures encourues de ce chef, attendu qu'il n'avait jamais vu dans cette adhésion, ni dans le fait d'avoir été évêque par la grâce de ladite constitution, l'ombre même d'un péché véniel. Obligé, pour n'être pas privé d'assister au sacre de Napoléon, de faire enfin, en 1804, une soumission écrite au jugement du Saint-Siège sur les affaires ecclésiastiques de France pendant la Révolu-

sensation à Angoulême. Les personnes bien intentionnées se sont contentées de plaindre leur évêque; les malveillants ont manifesté leur regret par une conduite scandaleuse. Ses obsèques ont été célébrées, sinon avec pompe, du moins avec tumulte (1). Les élèves du séminaire désignés pour porter le corps à la cathédrale ont été repoussés par ordre de l'ex-grand vicaire Luguet (2), et les

tion, il déclara ouvertement, lors de son retour, qu'il n'avait rien abandonné de ses opinions et qu'il gardait les mêmes principes qu'auparavant. Il éloigna du diocèse plusieurs de ses meilleurs prêtres et prodigua ses faveurs aux intrus. Les pouvoirs civil et ecclésiastique se montrèrent également impuissants à son égard, et souffrirent, pendant plus de vingt ans, sur le siège d'Angoulême, un prélat notoirement schismatique, qui, malgré la pureté de ses mœurs et sa charité pour les pauvres, accumula dans notre malheureuse province ruines sur ruines, alors qu'il eût fallu relever et édifier. C'est l'occasion de répéter un mot célèbre : *Magnum scandalum* ! On comprend pourquoi Mgr Dominique Lacombe était aussi sympathique aux libéraux qu'il l'était peu à M. Descordes.

(1) C'est le 10 avril, à onze heures du matin, que le chapitre célébra les obsèques de l'évêque; mais, en attendant la permission du ministre, le corps fut déposé dans la chapelle Saint-Ausone, et l'inhumation n'eut lieu que le 24 mai, sans aucune solennité et presque clandestinement.

(2) Elie-Gabriel Luguet, prêtre du diocèse de Périgueux, né vers 1763, refusa le serment à la constitution civile et passa en Espagne. Il fut désigné, au Concordat, pour la succursale de Trélissac, près Périgueux, mais je ne sais s'il en prit possession. Il trouva moyen de se faire nommer aumônier de la garde du roi Joseph Bonaparte et acquit de bonnes rentes sur le trésor royal espagnol. A la rentrée des Bourbons, on le considéra comme un officier à mettre à la demi-solde, et son traitement d'aumônier fut réduit à 1,000 fr.; mais bientôt, sur la recommandation de personnages puissants, parmi lesquels les ducs de Richelieu et de

plus ardents libéraux de la ville, gens pleins de vénération pour l'épiscopat, comme on sait, se sont emparés de la dépouille mortelle. M. Luguet s'est hasardé à prononcer une courte oraison funèbre : ce morceau ne présente de remarquable que la ridicule comparaison qu'il n'a pas eu honte de faire entre l'élection constitutionnelle de M. Lacombe pour le siège de Bordeaux et celle du grand saint Ambroise de Milan. Les vicaires capitulaires ne présidaient point à cette cérémonie : il était convenable qu'un constitutionnel en fût chargé, et M. l'abbé Robert (1), membre du chapitre, a rendu

Feltre et le comte de Vaublanc, il fut proposé pour vicaire général à Mgr Lacombe, qui l'accepta et ne tarda pas à lui donner sa confiance entière. L'administration de M. Luguet fut loin de contenter la partie la plus saine du clergé angoumoisin ; aussi ne fut-il point élu vicaire capitulaire à la mort de l'évêque. Il quitta dès lors le pays et se rendit dans la capitale, où il obtint une pension comme ancien vicaire général ; il y mourut le 10 juillet 1834, à 71 ans. (*Almanach du clergé de France* pour 1835-1836, Gauthier frères, Paris.)

(1) Jean Robert, prêtre de la Doctrine chrétienne, avait été le collaborateur de M. Lacombe au collège de Guienne, et son successeur dans la cure de Saint-Paul de Bordeaux, en 1798, quand celui-ci fut élu évêque de la Gironde. L'élévation, en mai 1806, de M. Pierre Dupont de Poursac, vicaire général d'Angoulême et frère du général Pierre Dupont de l'Etang, à l'évêché de Coutances, donna lieu à Mgr Dominique Lacombe de proposer, pour le remplacer, M. Jean Robert, qui, sans se soucier de reprendre, depuis la paix de l'Eglise, des fonctions ecclésiastiques, enseignait tranquillement les sciences à Sorèze, sous le principal Raymond-Dominique Ferlus. Le ministre des cultes de l'empire, le comte Bigot de Préameneu, s'obstina durant six ans à repousser comme incapable ce candidat, que Mgr Lacombe s'obstina, de son côté, à toujours présenter jusqu'en 1813 où, sur un refus catégorique de Napoléon, il demanda qu'on le fît chanoine. Les qualités d'un chanoine n'étant pas nécessairement les mêmes que

le dernier devoir à un ami dont il avait été d'abord, paraît-il, le compétiteur pour le siège de Bordeaux. On attend les ordres du ministre de l'intérieur pour l'inhumation dans la cathédrale. Messieurs les libéraux, fatigués d'attendre, se disposent, dit-on, à élever un superbe mausolée à la mémoire de celui dont ils chérissaient les sentiments. Un journal très mesquin, rédigé à Angoulême par un prêtre marié, ne cesse de retentir des louanges outrées que ces messieurs s'empressent de prodiguer au défunt. MM. Sibilotte, Lemaistre et Legrand, vicaires capitulaires, viennent de publier un mandement, qui contient quelques éloges à l'adresse du prélat décédé. Ces éloges ne portent que sur les vertus morales que tout le monde a reconnues en M. Lacombe, mais ils ne s'adressent point à l'évêque; et, de ce qu'il y est parlé de son grand zèle, ce serait mal connaître et bien mal juger MM. les vicaires capitulaires, d'en tirer l'induction qu'ils sont dans les sentiments que M. Lacombe a si longtemps professés. Le chapitre d'Angoulême ne pouvait confier la conduite du diocèse, pendant la vacance du siège, à des hommes plus instruits et plus respectables. »

Cet article jeta l'émoi dans le clan des partisans du pauvre évêque et blessa surtout le « prêtre ma-

celles d'un vicaire général, le gouvernement impérial, de guerre lasse, accepta l'ami de Mgr Lacombe comme chanoine. Pendant dix ans l'entêté prélat se résigna donc à n'avoir qu'un seul vicaire général, M. François de Sénailhac, car M. Luguet ne fut installé que le 25 août 1817, et encore n'employait-il M. de Sénailhac, vieillard presque octogénaire et « quasi hors de service », que le moins possible, parce que, disait-il, « la conscience de ce prêtre sur les affaires qui réjouissent tous les bons Français est entièrement opposée à la mienne ». Il faut savoir qu'au nombre de ces *affaires* figuraient la captivité de Pie VII et la chute de son pouvoir temporel.

rié », rédacteur du « journal très mesquin » (c'était M. Trémeau (1), fondateur du *Journal de la Charente*), dont la réplique commençait en ces termes : « *Un folliculaire qui écrit en style de charbonnier*, etc. » M. Garnier prit occasion de là pour taquiner M. Descordes et lui dire : « Vous avez un style de charbonnier ! — Eh ! eh ! répondait gaiement le « folliculaire » raillé. on peut, même avec du charbon, faire un croquis ressemblant. »

Malgré son peu de sympathie pour Mgr Dominique Lacombe, M Descordes usa des lettres dimissoriales qu'il tenait de lui. Il avait été tonsuré le 18 décembre 1819 ; il reçut les ordres mineurs le 20 décembre 1823 et le sous-diaconat le 12 juin 1824 (2).

C'est dans le cours de cette année 1824 que l'abbé Jean-Joseph-Pierre Guigou, vicaire général d'Aix, fut nommé à l'évêché d'Angoulême. Il vint à Paris pour les informations canoniques et descendit à Saint-Sulpice, où M. Descordes lui fut présenté. Le jeune séminariste fut ravi de l'accueil de son futur évêque. « C'était, disait-il, un homme magnifique, d'une taille majestueuse, d'une dignité et d'une beauté de physionomie incomparables ;

(1) François Trémeau, né à Angoulême, le 17 janvier 1765, ancien génovéfain, ordonné prêtre par Pierre-Mathieu Joubert, et nommé vicaire directeur du séminaire, devint chef de bureau à la préfecture, imprimeur, journaliste, chef de musique dans la garde nationale, membre de l'orchestre du théâtre et compositeur (il avait été élève de Grétry), employé dans le commissariat des guerres, conseiller de préfecture sous Louis-Philippe, etc., etc. Il mourut, *plein de jours*, le 5 avril 1851, à 86 ans.

(2) Ce sont les dates des registres de Saint-Sulpice, que nous préférons à celles de la *Semaine religieuse*, à défaut des lettres d'ordination du vénérable chanoine, qui trancheraient absolument la question et qui doivent exister quelque part ; car nous ne croyons pas qu'il les ait comprises dans l'autodafé de ses sermons.

il portait redingote marron, culotte courte, boucles d'or, lunettes d'or. » Le sacre se fit à Aix, le 29 juin. Ce soir là, M. Descordes disposa sur sa fenêtre quantité de bougies et les alluma juste à neuf heures, quand la règle ordonnait qu'on éteignît tous les feux. M. Caron, le célèbre maître des cérémonies, qui faisait la ronde d'usage, accourut : « Eteignez ces lumières. — Oui, monsieur, c'est ce que je vais faire. » Bien entendu, il ne se hâta pas, et, au bout d'un moment, M. Caron revint plus pressant et plus impérieux. « Voyons, monsieur le directeur, commença le séminariste, vous savez bien que c'est aujourd'hui la Saint-Pierre ! — Sans doute, mais cela ne vous dispense pas d'observer la règle et... — Monsieur le directeur, aujourd'hui on vient de sacrer là-bas, en Provence, un bon évêque pour mon diocèse, un pasteur fidèle, qui va remplacer un schismatique. C'est une grande grâce pour Angoulême, et pour tout le clergé d'Angoulême, auquel j'ai l'honneur d'appartenir : j'ai voulu faire une illumination en signe de joie. — Bah ! bah ! insista M. Caron, comme s'il n'eût pas goûté les raisons de son jeune interlocuteur, éteignez, éteignez tout cela. — Oh ! monsieur, reprit l'élève imperturbable, d'où vous vient cette méchante humeur ? Ah ! je le vois, vous auriez voulu que le sacre se fût fait ici. Vous êtes contrarié de n'avoir pas eu à diriger ces belles cérémonies, que vous dirigez si bien, et vous songez à toutes les bandelettes de fine batiste que vous en auriez eues et qui auraient enrichi la sacristie du séminaire ! Ah ! je comprends et je partage vos regrets ; mais je n'y puis rien. » Il se mit alors à éteindre ses bougies, et M. Caron lui tourna le dos, moitié fâché, moitié riant.

A quelque temps de là, Mgr Guigou revint à Paris avant de prendre possession de son siège (1).

(1) C'est le 13 septembre 1824 qu'eut lieu l'intronisation ;

Il fut reçu par Louis XVIII, qui dit : « Voilà le plus bel évêque de mon royaume ! » Il avait pris gîte chez un de ses amis, avec M Guitton, son vicaire général, et sa nièce, Mme Saint-Timothée, appelée à gouverner son ménage. M. Descordes crut qu'il était de son devoir d'aller saluer son évêque. M. Guitton l'accueillit d'abord aimablement et le conduisit ensuite à l'appartement du prélat. Une

la cérémonie fut improvisée, car on apprit à midi seulement que l'évêque arriverait à quatre heures du soir. Il fut harangué par M. Cybard Legrand, l'un des trois vicaires capitulaires : « Monseigneur, votre clergé désirait depuis longtemps vous voir occuper le siège d'Angoulême... Venez donner à votre troupeau les secours et les consolations dont il a grand besoin. Je ne dois pas vous le dissimuler : pendant la longue nuit de nos désastres, l'homme ennemi a jeté, dans le champ que vous devez cultiver, de l'ivraie qui n'est pas encore détruite ; c'est à Votre Grandeur qu'est réservée la gloire de déraciner entièrement cette herbe nuisible à l'accroissement du bon grain. Venez graver dans les cœurs ces principes religieux que vous avez soutenus avec tant de courage et de fermeté et pour lesquels vous avez subi toutes les rigueurs d'un long exil. Nous recueillerons le fruit de vos études et de vos profondes méditations sur la terre étrangère, où vous avait conduit votre attachement inviolable à la foi. Les qualités qui vous ont fait chérir et qui vous font regretter de l'illustre prélat dont vous avez partagé la sollicitude et les travaux (c'était Mgr Pierre-Ferdinand de Bausset-Roquefort, transféré depuis 1817 de l'évêché de Vannes à l'archevêché d'Aix) nous sont de sûrs garants que le zèle, la justice, la sagesse seront assis à vos côtés et vous serviront de guides dans la conduite de votre propre troupeau, etc., etc. » (*Journal de la Charente*.)

Puis M. Lemaistre, autre vicaire capitulaire, voulut, selon un antique usage, lier avec des rubans les mains de l'évêque : ce symbole exprimait qu'il respecterait toujours les droits du chapitre ; mais le prélat ne se laissa pas faire et, l'écartant doucement, lui dit : « Ah ! que cela est donc vieilli, monsieur le chanoine ! »

religieuse en sortait : « Monsieur l'abbé, dit le vicaire général, je vous présente Mme Saint-Timothée, nièce de Monseigneur, qui vient avec nous à Angoulême. — Hé quoi ! s'écria brusquement M. Descordes, Monseigneur lui aussi va nous amener une nièce ! » Mme Beauregard (1) avait rendu d'assez mauvais services à Mgr Dominique Lacombe, soit en contrariant son penchant prononcé à faire l'aumône, soit en lui inspirant des choix malheureux pour les postes ecclésiastiques : M. Descordes redoutait pour Mgr Guigou une influence analogue de la part de Mme Saint-Timothée (2), et la suite montra qu'il n'avait pas tout à fait tort. Il est inutile de dire que la nièce du prélat fut peu flattée de la réflexion du séminariste et qu'il ne fut jamais bien en cour auprès d'elle.

(1) Marie-Anne Lacombe, née à Montréjeau, de Jean Lacombe (frère de l'évêque) et de Jeanne-Philippe Ramonet, vint à Angoulême, auprès de son oncle, dès 1804. Il la maria, en 1810, avec M. Guillaume Beauregard-Labonnelie, ancien officier de hussards, né à Terrasson (Dordogne), fils de Bernard Beauregard-Labonnelie et de Marie Beauregard, et petit-neveu de François Laporte, chanoine et doyen du chapitre d'Angoulême.

(2) Mme Saint-Timothée était, au dire de M. Descordes, une demoiselle Arnaud, fille d'une sœur de Mgr Guigou et religieuse de la congrégation (non pas de Sainte-Marthe de Tarascon, comme je l'ai imprimé par erreur dans la *Notice sur les Écoles secondaires ecclésiastiques*, page 177), mais de Saint-Thomas de Villeneuve, congrégation dont Mgr Guigou avait été le restaurateur et le père. « Ce fut par un sentiment de gratitude envers leur digne supérieur que la mère générale, du consentement de toute la société, donna l'autorisation et l'ordre à une des religieuses, nièce du respectable prélat, d'aller auprès de lui, dans son diocèse, pour soigner sa santé et lui épargner les soins domestiques. » (*Vie de Mgr J.-J.-P. Guigou*, par M. Michon, p. 73). A la mort de son oncle, Mme Saint-Timothée retourna en Provence, dans un couvent de sa congrégation, dont une de ses sœurs, paraît-il, était supérieure.

CHAPITRE III.

M. DESCORDES, VICAIRE DE LA CATHÉDRALE, PUIS AUMONIER DE L'HOSPICE.

Ne pouvant, à cause de l'opposition de M. Garnier, être admis à la Solitude d'Issy, comme il l'avait demandé, M. Descordes résolut de suivre pendant quelques mois, avant de prendre le diaconat et la prêtrise, les exercices des Missionnaires de France, de profiter de leurs leçons et de leurs exemples dans la conquête des âmes, et de puiser, pour ainsi dire, le zèle apostolique et l'éloquence sacrée auprès de leur illustre chef, le R. P. Jean-Baptiste de Rauzan (1). Le séjour qu'il fit parmi ces vénérables prêtres, aussi distingués par leurs vertus que par leurs talents oratoires, lui fut très utile et laissa en lui une trace profonde.

Entre temps, vers la fin de l'année 1824, désireux de revoir sa famille, il vint à Angoulême :

(1) Né en 1757, mort en 1847, il organisa définitivement l'association des Missionnaires de France sous le nom de *la Miséricorde*. Le P. Delaporte, supérieur général de cette congrégation, a écrit la *Vie* de l'éloquent et saint fondateur.

c'était la première fois depuis que Mgr Guigou avait été intronisé. L'évêque l'accueillit avec son affabilité ordinaire, et aussi M. Guitton ; et, la conversation s'étant engagée tout naturellement, à l'occasion des Missionnaires de France, sur la prédication, Mgr Guigou lui dit qu'il allait présider le lendemain, 27 décembre, la vêture de Mlle Anne Prémont (1), chez les Filles de Sainte-Marthe, à l'hôpital, et que M. Guitton prêcherait : « Ah ! vous aurez un bel auditoire, monsieur le vicaire général. — Vraiment ? Je croyais, au contraire, qu'il n'y aurait presque personne à m'entendre. — Vous aurez l'élite de la ville : c'est l'usage. Il y a aussi, en pareille circonstance, un autre usage que vous ne connaissez peut-être pas, Monseigneur ? — Hé ! quoi donc ? — Voici : le soir, dans une salle de l'hospice, il se tient un bal (2), où les

(1) Mme Prémont, professe le 25 janvier 1826, a été supérieure générale de la congrégation de Sainte-Marthe, qui s'est heureusement développée sous son habile gouvernement. Cette vénérable religieuse est morte le 23 janvier 1863. Sa sœur puinée, Mme Marguerite-Albine Prémont, professe du 8 décembre 1833, continue d'édifier par sa piété et sa bonté l'hospice où tant de malades ont reçu ses soins depuis plus de soixante ans.

(2) Il ne faut pas que le mot *bal* employé par M. Descordes fasse illusion sur cette danse, qui était loin de ressembler à celles d'aujourd'hui. Elle consistait en pas graves et cadencés et en cérémonieuses révérences, que les danseurs s'adressaient en passant les uns à côté des autres sans même se toucher du bout des doigts. Il est difficile de n'y pas reconnaître un caractère symbolique, comme dans l'élégante toilette (robe de soie blanche, couronne de fleurs d'oranger) que l'on donne en certaines communautés aux novices le jour de leur vêture : c'était un adieu aux plaisirs du monde.

Mgr Guigou jugea que, dans un siècle corrompu par la Révolution, ce symbole ne serait plus compris : de

jeunes religieuses sont accompagnées par les parents de la récipiendaire. On dit que Mme Coullet (1) se signale entre toutes par la grâce avec laquelle

là sa décision, qui fut pleine de sagesse. Mais ce serait faire preuve d'un esprit bien étroit de se scandaliser maintenant d'un usage qui, dans son origine, eut une signification religieuse et resta toujours parfaitement innocent, et d'en estimer moins les saintes filles qui le pratiquèrent. Cela ne les empêcha pas d'être des anges de pureté et de charité, ni de se dépenser sans réserve au service des malades et des pauvres ; de soigner avec autant de délicatesse que de dévoûment les plaies des corps et celles des âmes, et d'accroître encore à leur mort le patrimoine de l'hospice, en lui laissant régulièrement la moitié de leur dot. Leurs dignes héritières, loin d'avoir à rougir d'elles, devront toujours s'estimer heureuses de les égaler.

On a voulu, je ne sais pourquoi, contester l'existence de l'usage dont M. Descordes occasionna la suppression. Quoique cet usage ait cessé d'être pratiqué dès 1824, il y a plus de soixante-dix ans, il reste cependant quelques personnes qui en ont eu connaissance par des témoins bien renseignés. Je citerai, entre autres, M. l'abbé Omer Mesnard, curé-doyen de l'Houmeau, qui l'apprit de M. Félix Fruchaud, vicaire général d'Angoulême, longtemps supérieur des Filles de Sainte Marthe, mort archevêque de Tours ; M. l'abbé Antoine Baron, archiprêtre de Cognac ; M. l'abbé Alexis Lacroix, archiprêtre de Ruffec ; M. le chanoine Alexandre, devant qui Mme Marie Coullet le signala elle-même à Mgr Cousseau, dans une visite à l'hospice où il accompagnait le prélat ; M. l'abbé Isaac Brocard, aujourd'hui curé de Gensac, qui, lorsqu'il était curé d'Aignes, en fut instruit par M. Léon Tabuteau ; Mme veuve Cropte, nièce de Mme Marie Coullet, demeurant à Rouillac, à qui sa tante en parla maintes fois ; Mme la marquise douairière de Montleau, demeurant à Saint-Estèphe.

A quoi bon nier ? il vaut mieux expliquer et justifier !

(1) Mme Marie Coullet, professe du 1er mai 1817, sœur de M. Pierre-Honoré Coullet, dont nous avons parlé précédemment, a été, de 1832 à 1838, supérieure

elle danse, tout en baisant de temps en temps son crucifix. — Vous badinez ! — Monseigneur, je ne me le permettrais pas avec Votre Grandeur, ni en un tel sujet. »

Bref, Mgr Guigou manda la supérieure, qui était Mme Tabuteau (1), et apprit d'elle que la chose s'était toujours pratiquée ainsi, de mémoire de Fille de Sainte-Marthe. Il en conclut que c'était un usage « vieilli », comme celui de lier les mains aux évêques avec des rubans à leur intronisation, et il ne fut pas plus tendre pour l'un que pour l'autre : défense donc à la supérieure de permettre la danse traditionnelle. Il va de soi qu'elle obéit et toutes les Sœurs avec elle ; mais, quand la communauté sut par qui l'évêque avait été instruit, on ne s'y priva pas de dire que M. Descordes aurait bien dû s'occuper de ses affaires personnelles sans se mêler des affaires d'autrui (2).

de l'Hôtel-Dieu d'Angoulême, et, pendant plus de cinquante ans, elle s'y est dévouée généreusement au service des pauvres. On ne saurait lui en vouloir d'avoir tenu aux anciens usages de sa congrégation, tant que l'obéissance ne lui fit pas un devoir d'y renoncer. (Cfr. *Notice historique sur la Congrégation des Filles de Sainte-Marthe*, par M. l'abbé Duchassaing, page 140.)

(1) Mme Térèse Tabuteau, professe du 20 octobre 1780, supérieure de 1797 à 1829, où elle devint assistante, au moment où les Sœurs de l'hôpital général, séparées de celles de l'hôpital de Notre-Dame-des-Anges depuis 1805, s'y réunirent de nouveau et élurent pour supérieure la Mère Agathe-Philippe Clergeon. La Mère Tabuteau mourut le 6 octobre 1834, à quatre-vingt-trois ans, après de pénibles épreuves et de grands travaux. (Cfr. la *Notice* précitée.)

(2) C'était, du reste, un de ses principes, et peut-être même le poussait-il parfois à l'excès, comme quand M. Roch Brunelière, partant pour fonder le petit séminaire de La Rochefoucauld et lui proposant de prendre la direction de celui d'Angoulême, il répondit :

Cette incursion, transitoire et tout à fait exceptionnelle, sur un terrain étranger ne l'empêchait point de songer à lui-même, à ses devoirs, à son avenir, et de se préparer à la réception des ordres. Il m'a souvent affirmé qu'il avait reçu le diaconat et la prêtrise à Angoulême des mains de Mgr Guigou; la *Semaine religieuse* (1) porte qu'il fut ordonné diacre à Paris, par dimissoire, le 23 avril 1825; mais le 23 avril 1825 était le troisième samedi après Pâques, ce qui n'est pas un jour d'ordination; pour la seconde fois, j'en appelle à ses *litteræ ordinum*. Il n'y a aucune controverse sur la date de son sacerdoce : c'est le samedi, veille de la Passion, 11 mars 1826, que Mgr Guigou lui imposa les mains. Quatre jours après, le 15 mars, le prélat le nomma vicaire de la cathédrale, avec l'abbé Pierre-Augustin Dussidour (2), son aîné de deux ans.

MM. Dussidour et Descordes, dans la fleur de la jeunesse, succédaient à deux vieillards, M. Raymond Seguin (3), mort à soixante-seize ans en

« J'ai bien assez de me gouverner moi-même sans m'ingérer de gouverner les autres. » (Cfr. *Notice sur les écoles secondaires ecclésiastiques*, etc., page 30.)

(1) *Semaine religieuse*, numéro du 8 avril 1894.

(2) M. Dussidour mourut vicaire de la cathédrale, le 13 février 1830, à trente et un ans, d'une fluxion de poitrine qu'il avait gagnée aux funérailles de M. Jean-Louis Rambaud de Maillou, curé de l'Houmeau, mort le 24 janvier précédent. Le décès prématuré de M. Dussidour fut une grande perte pour le clergé angoumoisin; car ce jeune prêtre unissait au talent toutes les vertus de son état, et, en particulier, un grand amour pour les pauvres. « Il donnait tout, m'a dit M. Descordes, et, quoiqu'il eût un revenu fort convenable, on ne trouva chez lui, après sa mort, que *dix-sept sous*.

(3) Raymond (*alias* Thibaud) Seguin, né à Edon le 15 novembre 1749, curé de Linars, prêta le serment à

1825, et M. Adrien Bas-Chappuys (1), mort le 24 février 1826, à quatre-vingt-cinq ans. On comprend que des vicaires aussi âgés n'étaient pas d'un grand secours pour le curé, M. Louis Sibilotte (2); aussi était-il habitué à se passer

la constitution civile et abdiqua toute fonction ecclésiastique le 23 pluviôse an II (11 février 1794). M. Descordes disait de lui que c'était « un bon homme un peu simplet ». Il avait rétracté son serment et fait sa paix avec l'Eglise longtemps avant de quitter ce monde. Il témoignait beaucoup de bienveillance aux enfants de chœur de la cathédrale, et, pour encourager leurs progrès, il leur promettait en zézayant « *du pain d'oranzes.* »

(1) Jean-Adrien Bas-Chappuys, né le 30 septembre 1739, était, au moment de la Révolution, gardien des Capucins d'Angoulême. C'était un religieux austère et fervent qui, en 1790, opta, comme tous ses confrères, pour la vie commune, refusa le serment de liberté-égalité, fut déporté en Espagne, et n'obtint qu'avec peine, à son retour en France, un petit poste dans notre diocèse. Il fut attaché comme vicaire paroissial à la cathédrale, mais sans aucun traitement, Mgr Dominique Lacombe l'honorant d'une particulière défaveur, tandis qu'il était en haute estime auprès de tout ce que la ville renfermait de plus honnête et de plus pieux. Il prêchait d'une façon solide et intéressante; on regrettait seulement qu'il nasillât à la manière des anciens Capucins; car les Capucins modernes n'ont point ce défaut. On trouve d'édifiants détails sur ce saint prêtre dans la *Vie de Mlle Rose Gilbert des Héris*, par M. J.-H. Michon. Mgr Lacombe, triomphant de ses préjugés, avait fini par le nommer chanoine honoraire.

(2) M. Sibilotte, né à Angoulême le 18 octobre 1752, était curé de Charras en 1789 et jouissait d'une telle estime qu'il fut élu à l'unanimité pour secrétaire, le 20 mars 1789, dans l'assemblée du clergé réuni à l'effet de choisir ses députés aux états généraux. Il prêta d'abord le serment à la constitution civile; mais, revenu bientôt de son erreur, il le rétracta, fut obligé de quitter la France en septembre 1792 et se retira en

d'eux, quoiqu'il fût lui-même plus que septuagénaire et qu'il cumulât les fonctions de second vicaire général (le premier était M. Guitton) avec celles d'archiprêtre. Quand il vit les jeunes gens que Mgr Guigou lui donnait pour coopérateurs, il les accueillit très affectueusement, comme un père accueille ses enfants, et, ensuite, il leur *tint à peu près ce langage :* Vous êtes donc mes vicaires : c'est très bien ; mais je vous avertis que je suffis à la desserte de la paroisse et que je fais mes affaires tout seul ; par conséquent, dites votre messe

Espagne. Il apprit vite et bien la langue du pays, et eut l'heureuse chance de devenir le précepteur du fils d'un riche seigneur espagnol mêlé aux affaires du gouvernement, ce qui lui procura l'aisance. Il traduisait aussi ou résumait, à beaux deniers comptants, pour ledit seigneur, les journaux français ; il souffrit ainsi de l'émigration forcée beaucoup moins que ses confrères, et en rapporta même des économies. Au Concordat, il fut nommé curé de La Valette, et, en 1811, il succéda, comme curé de la cathédrale, au vénérable Pierre-Prosper Dumergey de Rochepine, ancien archiprêtre d'Ambérac, qui mourut sur un banc de pierre de la place Beaulieu, en sortant de la distribution des prix du collège communal, le 5 septembre 1811, à soixante-dix-sept ans et demi. M. Sibilotte était grand et gros, et aussi bon qu'il était laid, ce qui n'est pas peu dire. Les personnes âgées natives de la paroisse Saint-Pierre se rappellent encore sans doute certain couplet assez ridicule, inspiré par la rime plus que par la raison, à je ne sais quelle écolière espiègle du pensionnat de Mme Marchais ou autre institutrice du temps, et qui a contribué, plus efficacement encore que la charité du vieil archiprêtre, à conserver son nom dans la mémoire des Angoumoisins :

Monsieur Sibilotte
A trois puces dans sa culotte,
Une qui court,
Une qui trotte,
Et l'autre qui dit : « Bonjour,
« Monsieur Sibilotte ! »

à l'heure que vous voudrez et employez votre temps comme vous le jugerez bon. je vous laisse à cet égard la plus complète liberté : quand vous devrez assister à quelque enterrement, le sacristain vous en informera. »

C'était commencer par des vacances. On se p'aît toujours plus ou moins aux vacances, et, quelque étrange que semblât à M. Descordes et à son confrère la situation qui leur était faite, ils tâchèrent d'abord de s'en accommoder au moins mal possible, avec le secret espoir qu'elle ne tarderait peut-être pas à se modifier. Ils rendaient quelques services dans les autres paroisses de la ville, ils continuaient leurs études théologiques et se tenaient à la disposition de leur curé, qui se montrait fort aimable pour eux ; jusque-là que, s'il ne leur accordait pas de partager son ministère, il voulait leur donner part à ses distractions.

Il y avait dans la paroisse Saint-Pierre, non loin de l'évêché, une ancienne religieuse bénédictine de l'abbaye de Beaulieu, Mme Catherine Faunié-Duplessis, qui atteignait la soixantaine (1) ; tous les dimanches, quelques chanoines ou autres ecclésiastiques allaient passer la soirée chez elle. On y jouait au trictrac, aux échecs, voire aux cartes ; puis on prenait le thé, et on se séparait à neuf heures. J'oubliais de dire qu'on évoquait souvent un passé déjà lointain, et les beaux jours d'avant 1789 et les jours sombres de la persécution et de l'exil pendant la Révolution. M. Sibilotte fit admettre ses vicaires dans ce petit cénacle. M. Descordes y parut donc, mais peu régulièrement : il aimait mieux consacrer à la promenade les soirées du printemps que d'aller s'enfermer au « *café des curés* » ; c'est ainsi qu'il avait baptisé assez irrévérencieusement la maison de Mme Fau-

(1) Mme Catherine Faunié-Duplessis mourut le 6 avril 1848, âgée de quatre-vingts ans révolus.

nié-Duplessis. Il était, du reste, peu sympathique à un des principaux habitués, M. Lemaistre, avec qui, dès son arrivée à la cathédrale, il avait eu maille à partir.

M. Michel-Daniel Lemaistre était, en 1789, curé du Petit-Saint-Cybard et secrétaire du chapitre : il avait refusé le serment et émigré en Espagne. Chanoine au Concordat, il avait combattu autant qu'il avait pu les tendances schismatiques de Mgr Dominique Lacombe, puis il avait eu querelle avec le vicaire général préféré de l'évêque, Elie-Gabriel Luguet, en défendant, comme membre de la fabrique, les droits de la cathédrale. A la mort du prélat, il avait été choisi pour un des trois vicaires capitulaires ; Mgr Guigou l'avait fait vicaire général honoraire, et son ancienneté, doyen du chapitre. Il était en 1826 dans sa soixante-quinzième année. C'était un petit homme, d'un raisonnable embonpoint, vif et alerte, d'une intelligence prompte et pénétrante, ayant à un haut degré l'esprit d'ordre, d'observation et d'analyse, mais se montrant parfois grincheux et taquin. M. Descordes s'était acheté lors de son ordination sacerdotale, « une belle chasuble de 600 fr. et un calice de 500 fr. » M. Lemaistre eut l'air de l'en blâmer. « Monsieur le doyen, lui dit fièrement le jeune vicaire, je ne m'occupe pas de la destination que vous donnez à votre argent, ni ne vous empêche, s'il vous plaît ainsi, d'en faire des piles ou de le serrer dans une tirelire : veuillez donc me permettre d'employer une partie du mien à me payer un beau calice et même une belle chasuble : c'est ma robe de noces ! » Dans une autre circonstance où M. Lemaistre, après l'avoir provoqué, refusait de répondre à ses justifications et l'écartait du geste et de la voix : « Allez-vous-en !... sortez d'ici ! » M. Descordes lui adressa cette cruelle réplique : « Oui, monsieur, je m'en irai ; oui, j'en sortirai ; mais, si la nature suit son cours, vous en sortirez avant moi ! » M. Sibilotte intervint. « Là, là, mon cher Lemaistre ; je vous l'ai déjà dit, vous avez tort de taquiner ces jeunes gens ; vous ne connaissez pas et vous ne ménagez pas leur caractère et vous vous attirez des choses désagréables. » (1).

M. Descordes se lassa bientôt de l'inaction forcée où il était retenu. Saint-Fraigne, paroisse où, grâce au souvenir de son oncle le prieur, il avait noué des relations avec les meilleures familles, n'avait pas alors de desservant (2) : il demanda comme une faveur à Mgr Guigou d'aller y préparer le peuple à la prochaine visite pastorale et les enfants à la première communion. Sa requête lui fut accordée, et, sans renoncer à son titre de vicaire de la cathédrale, il se sépara, vers le commencement de l'été, de M. Sibilotte, qu'il ne devait plus revoir.

(1) Cinquante ans plus tard ou à peu près (c'était, je crois, en 1874), un autre vicaire de la cathédrale avait un léger différend avec un bien digne chanoine, M. André-Joseph-Xavier Guigou, neveu de l'ancien évêque, et défendait son opinion avec vivacité, à la sacristie, devant *Messieurs* assemblés et prêts à se rendre au chœur. « Monsieur l'abbé, lui dit M. Descordes, en prenant son ton le plus solennel, un jeune homme comme vous ne doit pas parler ainsi à un vénérable vieillard. » Puis, pendant que ses collègues défilaient, il vint appuyer ses deux mains par derrière sur les épaules du vicaire et lui souffla ces mots à l'oreille : « Quand j'avais votre âge, j'ai fait pis que cela ! » Et, sans rien ajouter, il s'en alla réciter ses heures.

(2) « Voyez, disait M. Descordes en me parlant de celui qu'il avait remplacé, voyez où peut aller l'infatuation et la sottise de certains hommes. Quand on faisait devant lui l'éloge du grand évêque de Meaux, il hochait la tête : « Monsieur Bossuet..., monsieur Bossuet..., oui, sans doute, monsieur Bossuet écrit bien ; mais enfin, avec de l'application et du travail, *on pourrait faire quelque chose !* »

Libre de donner l'essor à son zèle, le jeune prêtre commença, pour la paroisse qui lui était momentanément confiée, une véritable mission. C'était un temps favorable entre tous, puisque le jubilé, célébré à Rome en 1825, venait d'être étendu, suivant la coutume, à l'univers catholique pour l'année 1826. M. Descordes prêcha donc l'année sainte et annonça les jours de salut. Il n'était pas, je l'ai déjà dit, un inconnu à Saint-Fraigne; on le savait neveu de *Monsieur le prieur* et fils d'un personnage important dans la magistrature (1); les familles les plus influentes de la localité, les Labroue de Vareilles et les de Jansac, ne dissimulaient point l'estime et l'affection qu'ils lui portaient. Toutes ces causes attirèrent les paysans à ses sermons, et, quand ils l'eurent une fois entendu, l'originalité de sa parole les retint au pied de sa chaire. Ce n'est pas qu'il leur fît des compliments, loin de là; car il choisissait pour thème de ses péroraisons les apostrophes les plus virulentes de l'Ecriture, celle-ci entre autres : « O race incrédule, combien de temps resterai-je au milieu de vous ? Combien de temps aurai-je à vous souffrir ? » (2). Sa prédication en ces débuts se ressentait un peu de l'âpreté de son caractère et de celle de sa jeunesse.

Il ne devait pas rester longtemps parmi les pécheurs de Saint-Fraigne; cependant, quoiqu'il n'ait point accompli de miracles en leur faveur, ni chassé les démons d'aucun énergumène, son ministère fut réellement fructueux. Il donna une secousse vigoureuse et salutaire à cette population engour-

(1) M. Jean-Baptiste Descordes avait été nommé en 1824 premier président de la Cour d'appel de Poitiers : ce qui était une noble place en ce temps-là, où la magistrature était considérée et généralement digne de l'être.

(2) Marc, IX, 18.

die, rappela ou apprit à un grand nombre de ses auditeurs les vérités fondamentales de la foi, prépara ceux qui suivaient son catéchisme (on lui avait enseigné à Saint-Sulpice l'art de le rendre solide et intéressant) à recevoir dignement la Pénitence, l'Eucharistie et la Confirmation, retira de l'ignominie d'un concubinage légal de pauvres gens aussi ignorants que coupables, et les décida sans trop de peine à contracter, comme il convient à des chrétiens, un honnête mariage. Des pères et des mères avaient négligé de présenter leurs enfants à l'église et de demander pour eux le sacrement de la régénération : M. Descordes recueillit de ce côté une ample moisson. « Il m'arriva un jour, disait-il, de faire dix-sept baptêmes !... Je gagnai vingt-trois sous d'offrandes : un des parrains, un richard, m'avait donné dix sous à lui tout seul ! »

Mgr Guigou, accompagné de MM. Guitton et Gratereau, vint clore la mission de Saint-Fraigne par la visite pastorale. La multitude accourut de tous les lieux voisins : il y avait tant d'années qu'on n'avait pas vu d'évêque dans le pays ! La cérémonie du matin s'accomplit avec plus ou moins d'ordre et de silence ; mais enfin la vraie piété et l'édification n'en furent pas entièrement absentes, et M. Descordes se trouva dédommagé de ses labeurs par l'excellente tenue de ses propres paroissiens.

Deux incidents de cette journée ne laissèrent pas cependant de l'attrister, en lui montrant jusqu'où allait l'ignorance, non seulement des gens du peuple, mais même de certains prêtres du régime précédent. « J'aime mieux voir la vigne du Seigneur en friche que labourée par des ânes ! » disait souvent Mgr Cousseau ; Mgr Dominique Lacombe n'avait pas été de cet avis.

Pendant que, retiré au presbytère, M. Descordes en faisait les honneurs à son évêque et hâtait le déjeuner, plusieurs paysans étaient restés à l'église. Un curé des environs, plus zélé qu'éclairé, on en conviendra, jugea qu'il y avait là matière à un bon coup de filet, à une pêche miraculeuse : il entra donc au confessionnal et y reçut un assez grand nombre de pénitents. Il n'y avait rien à redire à cela ; mais voilà que, bientôt, plusieurs d'entre eux, hommes et femmes, de diverses paroisses, se rangèrent à la sainte table (c'étaient des gens unis civilement par l'autorité municipale), et le prêtre qui les avait confessés, sans consulter l'évêque qui était à deux pas, sans solliciter la permission du desservant du lieu, sans s'assujettir à aucune formalité de bans ou d'enquête, etc., demanda en bloc, pour épargner le temps, le consentement des hommes, en bloc le consentement des femmes, et les déclara respectivement mariés en face de l'Eglise. « Je vous assure même, monsieur, disait à M. Descordes un témoin de cet étrange spectacle, domestique de confiance de M. de Jansac, que, quand il a demandé le consentement, il y avait à la sainte table *cinq* hommes et *six* femmes. »

Voici le second trait. Un homme se présente le soir, l'office terminé, et prie M. Descordes de le confesser. « — Hé quoi ! mon ami, dit celui-ci, n'auriez-vous donc pas pu venir plus tôt ? Mgr l'Évêque est très fatigué, et il va être obligé de retourner à l'église pour vous confirmer ! — Non, monsieur le curé, répond le paysan, Monseigneur n'a pas besoin de se déranger ; je veux seulement me confesser ; j'ai été confirmé ce matin avec tous les autres. — Comment ! confirmé sans vous être confessé ? — Oh ! j'ai bien voulu me confesser à un curé qui était là ; mais, comme il était pressé en ce moment, il m'a dit de communier et de me faire confirmer en attendant, et que je me confesserais après. — Allons donc ! ce n'est pas possible. — Oh ! si fait, monsieur, c'est la vérité. » M. Descordes introduisit son interlocuteur dans le salon, où Mgr Guigou se reposait, entouré de plusieurs prêtres. En deux mots il exposa l'affaire, et, s'adressant au paysan : « Est-ce quelqu'un de ces messieurs qui vous a dit cela ? » Après avoir hésité un instant, celui-ci, un peu décontenancé, finit par désigner M. Gratereau. Toute l'assemblée éclata de rire ; car M. Gratereau, supérieur du grand séminaire, prêtre pieux et instruit s'il en fut jamais, était bien le dernier qu'on pût soupçonner d'être l'auteur d'une décision pareille. Il n'eut pas de peine à démontrer à son accusateur qu'il se trompait de porte. Le bonhomme s'en alla donc avec M. Descordes, qui le confessa. Je suppose qu'il lui apprit aussi un brin de catéchisme : ce n'était pas de trop.

La mort de M. Sibilotte, arrivée le 30 octobre 1826, arracha M. Descordes à Saint-Fraigne : il revint à Angoulême assister aux obsèques de son curé et travailler dans la paroisse Saint-Pierre avec son collègue M. Dussidour. Deux mois après environ, M. Mocquet (1) remplaça M. Sibilotte et

(1) M. Charles-Timothée Mocquet était né à Saint-Même, le 12 octobre 1766. Il appartenait, au moment de la Révolution, à l'ordre des Chartreux et n'avait encore reçu que le sous-diaconat. Je ne sais quelle fut sa conduite pendant la persécution. Il semble n'être devenu prêtre qu'après la tourmente ; il ne figure point dans la liste du clergé dressée par ordre de Mgr Dominique Lacombe. Il fut curé de Saint-Même, puis curé de Châteauneuf, par ordonnance du 17 octobre 1823 ; son élévation au canonicat (c'était la condition de son installation comme curé de la cathédrale) fut agréée le 20 décembre 1827. Il démissionna, dans des circonstances que nous exposerons plus loin, quelque temps avant le 12 juin 1829 (date où M. Chevrou lui succéda) et resta, sans doute, en disponibilité jusqu'au 14 février 1832, où il fut nommé à la cure de Saint-Maxime de Confolens. Une ordonnance royale du 9 février 1837

ne fit pas difficulté de partager avec ses vicaires les occupations diverses du ministère des âmes. Bientôt, du reste, la grande mission de 1827, en multipliant les conversions ou les retours à une fréquentation plus assidue des sacrements, élargit le champ ouvert au zèle apostolique de notre héros. Pendant la mission même, il s'occupa très activement et très habilement des détails d'organisation matérielle que nécessitait l'affluence des auditeurs à la cathédrale, aux trois exercices du jour. Il recrutait et organisait des chœurs de chanteurs et de chanteuses, qui faisaient retentir les voûtes du vieil édifice des cantiques dits *de la mission.* La congrégation des Dames de Saint-Paul, récemment établie dans l'ancien doyenné par Mme de Magnac (1), lui fut, pour cet effet, d'un grand se-

le reconnut de nouveau comme chanoine ; il revint donc à Saint-Pierre, mais sans avoir désormais le souci de la paroisse, et il mourut le 11 novembre 1844, à 78 ans révolus.

(1) Mme Irénée-Jeanne-Françoise Rousseau de Magnac, fille de Léonard Rousseau de Magnac et de Geneviève Desmazeaux, avait fondé, en 1822, une congrégation religieuse diocésaine, ayant pour but l'enseignement des jeunes filles. Les membres de cette congrégation portaient le nom de *Dames de Saint-Paul*, mais on leur donnait souvent celui de *Dames du Doyenné*, parce qu'elles s'étaient logées dans les bâtiments reconstruits en 1530 par Jacques de Saint-Gelais, évêque d'Uzès et doyen du chapitre d'Angoulême, pour servir d'habitation à ses successeurs dans le décanat. Mme de Magnac mourut bien prématurément, le 6 avril 1830 : elle n'avait que trente-trois ans. Sa remplaçante, Mme Marie-Françoise Guillemeteau, la suivit de près : le 8 octobre 1836, elle expirait au Petit-Bardine, deux jours seulement après le départ pour le ciel d'une de ses compagnes dévouées, Mme Marie-Pauline-Madeleine Lesourd. Toutes deux étaient à la fleur de l'âge : elles avaient vingt-cinq ans ! Ces cruelles épreuves furent un peu compensées

cours par ses élèves et même par ses maîtresses, qui n'étaient point cloîtrées et n'avaient pas encore eu le temps de perdre l'esprit paroissial.

quand Mlles Castets (tantes de M. le curé-doyen de Chalais), pieuses et intelligentes institutrices de la ville, fondirent leur pensionnat avec celui des Dames de Saint-Paul et entrèrent elles-mêmes dans la congrégation. L'une d'elles (Sœur Marie du Calvaire) en fut plus tard supérieure, après Mmes Lurat, Roy, etc. M. Descordes m'a dit que la dernière supérieure avait été Mme Hubert. Sa petite congrégation se recrutait difficilement depuis quelque temps, lorsque Mgr Cousseau en amena la fusion avec la grande et prospère société du Sacré-Cœur ; l'union se fit en 1856 (*). C'est ainsi que les Dames du Sacré-Cœur, qui avaient refusé d'accepter, en 1822, le pensionnat établi dans l'ancien couvent des Carmes, à l'Houmeau, par les dernières Carmélites, Mme Françoise de la Soudière et ses compagnes, et avaient laissé aux Ursulines de Chavagnes le soin de faire vivre cette œuvre, devinrent, environ trente ans après, les héritières et les continuatrices des Dames de Saint-Paul.

Il ne faut pas confondre la première supérieure des Dames de Saint-Paul avec sa parente, Mme Geneviève Rousseau de Magnac, née à Magnac-La Valette, d'Etienne Rousseau de Magnac et de Madeleine Du-

(*) L'annuaire de la Charente pour 1856 donne les renseignements suivants : *Supérieure générale*, Sœur Sainte-Anne-Marie ; — *Assistante*, Sœur Sainte-Constance ; — *Maîtresse des Novices*, Sœur Sainte-Françoise-de-Chantal ; — *Maîtresse générale du pensionnat*, Sœur Saint-Stanislas. — Le nombre des religieuses est de trente, dont onze converses.

L'annuaire de 1843 annonçait que la pension Castets venait d'être réunie à la congrégation et qu'une succursale avait été fondée tout nouvellement à Limoges.

Celui de 1850 signalait une maison de la congrégation établie à La Rochefoucauld avec trois religieuses, dont la supérieure était Sœur Sainte-Constance. En 1853, les religieuses y étaient au nombre de cinq, dont deux converses, sous le gouvernement de Sœur Sainte-Françoise-de-Chantal.

Ce fut une grande joie pour M. Descordes de revoir quelques-uns de ces vénérables missionnaires de France, dont il avait naguère partagé la vie laborieuse et réglée. Il m'a parlé souvent de MM. Levasseur et Menou et surtout du P. de Rauzan, qui était le chef de la mission pour toute la ville : il aimait et admirait beaucoup cet éloquent prédicateur ; il avait même, si je ne me trompe, analysé ses discours et en avait recueilli les passages saillants ; cela semble résulter de la citation suivante, que je tire de la notice nécrologique consacrée par lui à M. Chevrou, son prédécesseur comme doyen du chapitre :

« Le dévouement de M. Chevrou au Saint-Siège était absolu. Il vénérait l'autorité des évêques et s'inclinait sur un simple signe de leur volonté, bien qu'on pût dire de lui, *c'est un homme tout d'une pièce;* mais dans les pontifes il voyait surtout le Pasteur éternel des âmes. L'une de ses tristes appréhensions était l'affaiblissement des caractères. Il n'avait pourtant pas entendu, dans la chaire de la cathédrale, le grand orateur, l'abbé de Rauzan, supérieur des missions de France, flétrir, en gémissant, cet abaissement moral par ces énergiques paroles : « Je le dis en versant des « larmes amères, en tremblant pour un prochain « avenir : tous les caractères sont effacés : caractère « des rois, caractère des grands, caractère du peu- « ple, tous sont effacés, devenus semblables à ces « terrains mouvants sur lesquels on passe et l'on « repasse, et qui ne conservent l'empreinte que du « dernier pied qui les a foulés. » (1)

La mission fut clôturée par l'érection d'une croix

tillet, ancienne bénédictine de Saint-Ausone, morte à Angoulême, le 8 septembre 1821, à quatre-vingt-trois ans.

(1) *Semaine religieuse*, 20e année, no 46, dimanche 23 décembre 1883, page 1091.

commémorative, d'une grande hauteur, construite en madriers de chêne par M. Chénaud, dit Dauphin, entrepreneur du palais de justice, et sur laquelle était attaché un beau christ (1), de grandeur plus que naturelle, fabriqué à Paris sur le dessin des missionnaires. Cette croix, placée sur un immense échafaudage distribué par carrés qui pouvaient chacun recevoir un porteur, fut exposée d'abord devant la cathédrale, d'où partit la procession, à laquelle assistèrent, en costume officiel, tous les corps constitués. Les porteurs étaient répartis en quatre sections qui se relevaient à tour de rôle; chaque section renfermait environ cent porteurs, choisis parmi les ouvriers les plus robustes, auxquels s'étaient adjoints plusieurs jeunes hommes de la bourgeoisie angoumoisine, et était commandée par un officier supérieur, soit en activité, soit en retraite. La procession parcourut les diverses parties de la ville où pouvait se mouvoir le calvaire. Les maisons étaient pavoisées comme pour la Fête-Dieu; des arcs-de-triomphe s'élevaient aux principaux passages. Les jeunes filles, vêtues de blanc, portaient des oriflammes blanches ou bleues, les jeunes garçons des oriflammes rouges ou roses. En tête flottait le *labarum* rouge et or, avec les mots *In hoc signo vinces*. La musique civile répondait aux chants religieux.

La procession achevée, la croix fut placée, au nord de la cathédrale, à la base du clocher où est maintenant la nouvelle sacristie; le piédestal avait été dressé d'avance; on eut soin d'y déposer le procès-verbal d'érection et la liste des souscrip-

(1) Ce christ, qu'on vient de transférer dans le bras gauche du transept de la cathédrale, en face du nouvel autel Saint-Pierre, était placé naguère du côté opposé, entre la porte de l'ancienne sacristie et le tombeau de Mgr Sebaux; mais le pied de la croix avait été rogné d'une longueur de plusieurs mètres.

teurs. Cette cérémonie, qui avait mis sur pied toute la population d'Angoulême et attiré une foule d'étrangers, s'accomplit, sans aucun désordre, au milieu des témoignages unanimes d'une pieuse allégresse, le lundi 26 février 1827 (1). En constatant ce magnifique triomphe de la croix, M. Descordes aurait pu se dire, sans blesser ni la vérité ni la modestie, qu'il avait bien pour sa petite part contribué à le préparer.

M. Descordes trouvait parfois, en dehors de son ministère à la cathédrale, le temps de prêcher dans les autres églises ou chapelles. Il se plaisait surtout à visiter la communauté de Chavagnes, où l'on partageait ses sentiments d'affection et de vénération pour M. Mareschal; c'est, en effet, par l'entremise de M. Mareschal, comme je l'ai conté ailleurs (2), que les Ursulines, sous la conduite de Mme Aimée de Marie, étaient venues s'installer dans l'ancien couvent des Carmes, pour y continuer et y développer l'œuvre commencée par Mme de la Soudière, la dernière prieure du Carmel. Les bonnes religieuses devaient goûter la parole du jeune orateur qui, sans être encore en pleine possession de son talent, commençait à démentir d'une façon assez nette certain pronostic pessimiste, formulé par son père après son sermon de début à Poitiers (3). C'était pour elles, sans doute, un

(1) Nous devons la plupart des détails qui précèdent, sur l'érection de la croix commémorative de la mission de 1827, à une obligeante communication de M. Quignon, ancien secrétaire de l'état civil à la mairie d'Angoulême.

(2) Cfr. *Notice sur l'ancien Carmel d'Angoulême.*

(3) Comme, à l'issue de ce sermon, débité avec la même vitesse que celui du jour de Pâques 1823, quelques personnes félicitaient le premier président de la cour de Poitiers des heureuses dispositions de son fils pour l'éloquence de la chaire, « Lui ! répliqua-t-il, il ne sera jamais qu'un *bredouilleur !* » A rapprocher

agréable dédommagement des privations spirituelles auxquelles elles avaient été soumises, à leur arrivée, du fait de leur premier chapelain, M. Renand (1).

Pendant son vicariat, M. Descordes s'occupa, de concert avec son curé, M. Mocquet, délégué lui-même par l'autorité épiscopale, de préparer la ré-

d'une autre prédiction paternelle aussi bien justifiée, savoir celle de Gilles Boileau au sujet de son fils Nicolas (Despréaux, l'auteur des *Satires* et du *Lutrin*) : « Pour *Colin*, c'est un bon garçon qui ne dira jamais de mal de personne ! »

(1) Jacques Renand (et non Renaud), né le 30 octobre 1764, élève du grand séminaire d'Angoulême et diacre d'ancien régime, fut un des prêtres ordonnés le samedi saint, 23 avril 1791, par M. Pierre-Mathieu Joubert. Les électeurs du district de Barbezieux le nommèrent à la cure de Xandeville, dont le titulaire, le P. Robert Lacoste de Lagrange, chanoine régulier de Chancelade, avait refusé le serment. Bientôt la paroisse de Xandeville, ayant été unie à celle de Barbezieux, M. Renand devint vicaire de Barbezieux sous le curé constitutionnel, M. Pierre Guimberteau, précédemment curé légitime de Boresse, près Chevanceaux. A la suppression du culte officiel, il abandonna tout ministère ecclésiastique et vivota comme il put. Il avait été, disait M. Descordes, membre du *Caveau moderne*, ce qui indiquerait certaines aptitudes musicales et peut-être poétiques. Sentant venir la vieillesse et les infirmités, il sollicita de Mgr Lacombe la faveur d'être réhabilité *ad missam* : le prélat lui accorda sa demande et, pour lui fournir les moyens de subsister, le nomma chapelain des Ursulines de Chavagnes, qui venaient à peine de s'installer à Angoulême. Ce choix n'était pas heureux et ne plaisait guère aux religieuses ; aussi, huit jours après la mort de Mgr Dominique Lacombe, le 14 avril 1823, les vicaires capitulaires relevèrent M. Renand de ses fonctions de chapelain et lui donnèrent à la place le titre fictif de Criteuil. Il mourut la même année, à 60 ans ; ses funérailles furent célébrées à l'Houmeau, le 24 octobre 1823.

cognition de deux précieuses reliques, vénérées avant la Révolution dans l'abbaye de Saint-Ausone, à Beaulieu : un fragment de la vraie Croix de Notre-Seigneur et une épine de sa Couronne. Ces reliques avaient été sauvées de la profanation et peut-être de la destruction par Mme Marie Banchereau, la dernière sacristine de l'abbaye ; malheureusement la pauvre fille en avait, dans sa simplicité, brûlé les authentiques, comme papiers compromettants. L'enquête de M. Mocquet, consignée dans un procès-verbal du 1er juin 1828, conclut à l'authenticité de la relique de la vraie Croix, et Mgr Guigou, à la même date, rendit une ordonnance conforme. Il était prêt à en faire autant pour la sainte Epine, mais à la condition que Mme Banchereau la déposerait au secrétariat de l'évêché. La répugnance de la pieuse sœur à s'en dessaisir empêcha pour le moment la déclaration officielle d'authenticité. Plus tard cependant, Mme Banchereau consentit à confier cette insigne relique à M. Mocquet, qui la donna lui-même à M. Descordes. En 1852, M. Descordes, désireux d'enrichir de ce pieux trésor la communauté de Chavagnes, voulut auparavant obtenir la déclaration d'authenticité qui avait été ajournée et reprit l'instance devant la curie épiscopale. Il raconta dans un intéressant exposé, d'où sont tirés les détails qui précèdent, tout ce qu'il savait de la sainte Epine, et, quoique Mme Banchereau (1) et toutes les anciennes Bénédictines eussent disparu de ce monde, sur son témoignage, témoignage unique, il est vrai, mais provenant d'un témoin exceptionnel et irrécusable, *testis omni exceptione major*, comme dit le droit, une ordonnance épiscopale rendue le 27 mai 1852, au nom de Mgr Antoine-Charles Cousseau et signée Fruchaud, vicaire général, reconnut la sainte Epine

(1) Mme Marie Banchereau mourut à Angoulême le 8 mars 1843 ; M. Mocquet mourut le 11 novembre 1844.

comme authentique et permit de l'exposer à la vénération des fidèles.

C'est aussi au temps du vicariat de M. Descordes et à l'année 1827 qu'il faut rapporter l'anecdote suivante. Comme il se trouvait à Paris au mois d'août avec un de ses anciens condisciples de Saint-Jean-d'Angély, M. l'abbé Daunas (1), celui-ci exprima le désir de voir Charles X. « Eh bien ! lui dit M. Descordes, rien de mieux pour cela que d'aller le 15 à la procession du vœu de Louis XIII : le roi y assistera, sans nul doute, au milieu de la famille royale et de tous les corps constitués. » Ainsi dit, ainsi fait; les deux amis se rendirent de conserve à Notre-Dame ; mais la foule était si compacte qu'ils ne tardèrent pas à être séparés. Or, en se faufilant et en se frayant un chemin à coups de coude, M. Descordes bouscula, sans le vouloir, le vieux (2) M. Barbé de Marbois, président de la cour des comptes.

Affectant une inflexible austérité et habile cependant à plier et à s'aplatir, ce personnage qui, dans sa longue carrière, avait flatté servilement tous les gouvernements, même le Directoire (et n'en avait pas moins été déporté à Cayenne), était, malgré des talents réels et des services rendus, fort peu sympathique aux vrais royalistes : ils soupçonnaient en lui avec raison le flagorneur du pouvoir à venir.

Se sentant heurté, M. de Marbois, qui était borgne, se retourna tout d'une pièce, et, apercevant le jeune ecclésiastique, il lui dit, avec le ton rogue et hargneux qui lui était familier, sauf à l'égard des puissants : « — Monsieur l'abbé, votre place n'est pas ici. — Certes, monsieur, je le sais bien », répliqua prestement l'abbé ; puis, scandant ses mots,

(1) Cfr. page 21, note 2.
(2) Né à Metz en 1745, François Barbé de Marbois mourut en 1837, à 92 ans.

il ajouta : « Le clergé d'abord !... ensuite la noblesse !... et, enfin, le tiers-état ! » Laissant alors M. de Marbois ahuri de son audace, il traversa l'espace vide qui séparait les deux files, et alla se mettre à la gauche de M. de Sèze (1), président de la cour de cassation, qui occupait le premier rang de l'autre côté. Un maître des cérémonies vint l'avertir poliment : « Monsieur l'abbé, vous ne pouvez rester où vous êtes. » M. Descordes s'inclina sans rien dire, mais ne bougea pas. Un aide du maître des cérémonies lui apporta le même avis une seconde fois. « C'est vrai, monsieur » ; et, ne voulant pas le recevoir une troisième fois, il sortit de l'intérieur des files, passa derrière M. de Sèze, à sa droite, entre lui et les soldats qui formaient la haie, et suivit ainsi toute la procession. M. de Sèze, témoin de ce manège, en riait de bon cœur. « Il aurait bien ri davantage, disait M. Descordes, s'il avait connu ma réplique à M. Barbé de Marbois. »

M. Descordes était depuis deux ans vicaire de la cathédrale et se plaisait dans cette position, où il s'entendait à merveille avec son curé, M. Mocquet, et son jeune collègue, M. Dussidour, quand un fâcheux concours de circonstances la lui fit abandonner.

Au coin de la rue Corneille qui fait face à l'ancienne sacristie de Saint-Pierre, il y avait un pensionnat très florissant, fondé par Mme Marchais (2),

(1) Raymond de Sèze, l'éloquent et sympathique défenseur du roi martyr, né à Bordeaux en 1748, mort le 2 mai 1828, dans sa 80e année.

(2) Marie-Anne Trémeau, née à Saint-Pierre d'Angoulême, le 23 novembre 1767, de Nicolas Trémeau, négociant, et de Jeanne Laroche ; mariée à Angoulême, le 18 juin 1793, avec Jean-Baptiste Marchais, né à Saint-Martial, le 27 août 1761, de Antoine Marchais-Desgentis, négociant, et de Marguerite Ribérou ; morte le 25 avril 1853, dans sa 86e année. M. Marchais était mort dès le 24 avril 1807, à Confolens, où il remplis-

dans lequel, depuis le retour des Bourbons au moins et peut être auparavant, la religion était en honneur et l'instruction chrétienne particulièrement soignée. Ce fut une tradition qui se perpétua dans ce pensionnat ; car Mlle Mélidie Meslier, qui remplaça Mme Marchais, s'occupait de la formation religieuse de ses élèves avec autant de dévouement, d'habileté et de succès que peut le faire la meilleure institutrice congréganiste. Mme Marchais, du reste, était d'une famille très mêlée aux choses de l'Eglise, puisqu'elle avait plusieurs parents et, entre autres, deux frères revêtus du sacerdoce. J'ai parlé plus haut (1) du premier, M. François Trémeau ; le second, M. Pierre Trémeau (2), remplissait les fonctions d'aumônier du pensionnat de sa sœur, et Mgr Lacombe avait permis qu'il y préparât et y admît les petites filles à la première communion sans qu'elles fussent obligées d'assister aux catéchismes paroissiaux. M. Sibilotte, qui était extrêmement conciliant, avait souffert, sans protester, cet état de choses ; son successeur ne l'imita pas. Soit de son propre mouvement, soit par l'impulsion de ses vicaires (les vicaires sont quelquefois plus ardents pour défendre les droits de leur curé que le curé lui-

sait les fonctions de contrôleur des droits réunis. Leur fille, Marguerite-Jeanne-Hermance Marchais, fut mariée, le 27 octobre 1813, à M. Louis Second, président du tribunal civil d'Angoulême, et, de ce mariage, après son aîné Henri, naquit, le 17 juin 1817, Pierre-Albéric Second, qui s'est fait un nom comme dramaturge et romancier : l'Académie a, en 1874, accordé un prix de 1500 francs à son roman *Les demoiselles du Ronçay*.

(1) Cfr. page 42.

(2) M. Pierre Trémeau, diacre d'ancien régime, ordonné prêtre par P.-M. Joubert, devint alors vicaire constitutionnel de Torsac. Bientôt repentant, rétracté et relevé, il passa le temps de la Révolution en Italie. Il mourut le 29 octobre 1837, à 71 ans.

même), M. Mocquet voulut astreindre les élèves du pensionnat Marchais à suivre le catéchisme de première communion de l'église Saint-Pierre, comme les autres enfants de la paroisse. Il porta l'affaire à Mgr Guigou, exposa ses raisons et gagna sa cause. Là-dessus, M. Descordes annonça solennellement au prône que désormais tous les premiers communiants devraient assister aux catéchismes de la cathédrale. Mais alors M. Pierre Trémeau, qui était chanoine et secrétaire de l'évêché, accompagné de son parent M. François Bourdin (1), aussi chanoine, vint, à son tour, réclamer auprès de l'évêque en faveur d'une pratique déjà ancienne, à laquelle on n'avait trouvé jusque-là nul inconvénient. Les supérieurs sont placés souvent dans des situations bien difficiles, où ils voudraient contenter tout le monde et ne froisser personne, ce qui est, hélas! impossible. Déterminé sans doute par de sérieux motifs, Mgr Guigou, qui était juste et sage, révoqua sa décision antérieure, et le catéchisme de première communion se fit, comme précédemment, dans le pensionnat de Mme Marchais. C'était un échec pour le curé, et, si l'on veut, pour tout le clergé paroissial. Ce fut l'avis de M. Descordes, dont la déclaration en chaire recevait un démenti, et il fit partager cet avis à son confrère. M. Mocquet et ses deux vicaires donnèrent donc leur démission. « Il restait pour desservir la paroisse, disait non sans malice M. Descordes en racontant cet incident de sa vie, M. Dubouchaud du Mazaubrun, chanoine de joyeux avènement (2), qui ne parlait ni le français, ni

(1) M. François Bourdin, archiprêtre de Vars en 1789, insermenté, déporté en Italie, mourut doyen du chapitre, le 1er août 1847, à 86 ans.

(2) Les rois de France, en vertu de leur prétendu droit de régale, disposaient dans chaque église de certains bénéfices, notamment du premier qui vaquait

l'espagnol, ni le limousin, mais un dialecte mêlé de ces trois idiomes ! » Heureusement M. Dussidour était une bonne âme : sur le désir de ses supérieurs, il reprit sa démission et continua son ministère, que vint arrêter bientôt, hélas ! une mort prématurée.

Quelque temps après la démission de M. Descordes, M. Guitton, qui l'avait pris en amitié et lui portait un véritable intérêt, lui dit : « Voyons, avec votre talent, votre santé et votre jeunesse, vous ne pouvez rester ainsi l'arme au pied ? » Le vicaire démissionnaire en convint. « Eh bien ! voulez-vous retourner à la cathédrale ou devenir aumônier de l'hospice ? » Une des qualités dominantes de M. Descordes fut toujours, je l'ai fait remarquer ailleurs, une grande foi ; son esprit et son cœur étaient profondément pénétrés de la doc-

après leur accession au trône. C'est ainsi que Louis XVIII pourvut, par brevet du 29 janvier 1822, M. Dubouchaud du canonicat devenu vacant par la mort de M. Pierre-Paul Cazeaux, le 6 juillet 1819. M. Jean Jolly fut un peu plus tard nommé chanoine d'Angoulême au même titre par le roi Charles X.

M. Antoine Dubouchaud du Mazaubrun, né dans la paroisse de Pageas, près Chalus (Haute-Vienne), le 18 mars 1755, de Pierre Dubouchaud du Mazaubrun, écuyer, et de Pétronille de Combrouze, était un vénérable vieillard, dont la piété et la vertu faisaient plus que compenser le mauvais accent. On lui pardonnait même un léger travers que l'on condamnerait aujourd'hui ; c'était d'aller s'approvisionner lui-même au marché, au lieu de laisser ce soin à sa domestique. Il était tout heureux quand il pouvait y acheter quelques corbeaux et des plus vieux : il affirmait qu'il n'y avait rien de tel pour faire un excellent potage.

M. Dubouchaud était doyen du chapitre, quand les infirmités de l'âge l'obligèrent à quitter Angoulême et à se retirer dans sa famille. Après de longues souffrances, supportées avec la résignation et la piété d'un bon prêtre, il mourut le 26 avril 1843, à 89 ans.

trine de l'Evangile : c'est assez dire qu'il regardait les pauvres comme les préférés de Jésus-Christ. Indépendant et fier à l'égard des puissants, il s'inclinait vers les petits et les faibles avec une bonté généreuse, qui parfois cependant n'était pas exempte d'une certaine brusquerie. La proposition de se dévouer à leur service lui agréa pleinement.« Je répondis au vicaire général que, si je n'avais nulle envie de retourner à la cathédrale, j'étais entièrement à sa disposition pour l'autre emploi qu'il m'offrait. Mgr Guigou me nomma donc aumônier de l'hôpital de Notre-Dame des Anges (1), mais sans concert préalable avec l'administration. Voulut-il par là me jouer un mauvais tour, pour me punir de n'être pas resté à Saint-Pierre, ou désira-t-il s'affranchir d'une sujétion? Je ne sais. » La première hypothèse n'est pas admissible ; un évêque, et surtout un saint évêque comme Mgr Guigou, ne joue point de mauvais tours à ses prêtres, même quand il en est mécontent. La vérité est dans la seconde hypothèse. Il y avait eu des difficultés, au sujet de la nomination des aumôniers de l'hospice, entre l'administration et l'autorité épiscopale, même du temps de M. Pierre-Mathieu Joubert, l'évêque constitutionnel (2) ; Mgr Guigou voulut trancher ces difficultés en usant de son droit, qui était incontestable. Les évêques, en effet, ne consultent point le peuple des paroisses pour le choix des curés, et ils ne sont pas tenus davantage de consulter les administrations laïques ou religieuses pour le choix des aumôniers.

Néanmoins il résulta de cette circonstance que M. Descordes fut accueilli très froidement. On comprend qu'il n'était pas homme à s'en décon-

(1) La *Semaine religieuse*, nº du 8 avril 1894, date cette nomination du 1er novembre 1828.

(2) Cfr. *Notice historique de la Congrégation des Filles de Sainte-Marthe* (par M. Duchassaing), page 70.

certer; il affirma bien carrément sa résolution arrêtée de ne se mêler en rien des affaires temporelles de l'hospice, mais déclara qu'il entendait de même que nul ne se mêlât des affaires spirituelles de son ministère : culte divin, instructions, sacrements, etc. Il oubliait qu'il y a des affaires mixtes et il s'en aperçut bientôt.

La chapelle de N.-D. des Anges, où reposaient les restes de Balzac, était devenue, eu égard à l'augmentation du personnel de l'hôpital, beaucoup trop petite et par conséquent peu commode pour le service religieux; la chapelle des Cordeliers exigeait, avant qu'on pût l'utiliser, des réparations considérables, qui devaient tarder encore. M. Descordes eut l'heureuse idée de convertir en chapelle provisoire une grande salle inoccupée de l'ancien couvent. Il lui fallait, pour l'exécution de ce projet, le consentement des administrateurs de l'hospice et l'approbation de l'évêché. Il obtint sans peine cette approbation, mais trouva plus de résistance de l'autre côté. Il ne se découragea pas; il était très tenace et très persévérant pour le succès d'une cause qu'il croyait juste. De fait, il défendit si bien celle de sa chapelle provisoire qu'il la gagna. Sans trop de frais il disposa d'une façon décente la salle qui lui était accordée, y dressa un autel et arrêta le jour de l'inauguration, de concert avec le premier vicaire général, qui promit de la présider lui-même.

La veille du jour fixé, M. Descordes décida que, pour assurer à la messe d'inauguration une assistance plus nombreuse, il n'en serait célébré le lendemain aucune autre avant elle dans l'hospice, et, comme marque indéniable de sa volonté, il emporta la clef du vestiaire où étaient enfermés les vases sacrés et les ornements. C'est à huit heures seulement que M. Guitton devait bénir la nouvelle chapelle; cette heure, tardive peut-être, était gênante, il faut en convenir, pour quelques personnes; mais enfin on peut se gêner une fois en passant et dans une circonstance exceptionnelle. Tout le monde à l'hospice ne pensa pas ainsi, et M. Descordes, en s'y rendant de grand matin (il logeait dans la maison où il était né, rue Henri IV), entendit tinter au petit clocher de la chapelle de N.-D. des Anges et vit, en arrivant dans la sacristie, que le vestiaire était ouvert et que tout était préparé pour le saint sacrifice. Il commença par enfermer le calice et la patène dans le tabernacle de l'autel et glissa la clef dans sa poche; puis il se rendit au salon. Il y rencontra M. Péchillon en conférence avec Mme Tabuteau et quelques autres personnes qui causaient de ce qui venait de se passer à la sacristie. M. Louis-Antoine Péchillon, curé de Dignac avant la Révolution, avait refusé le serment schismatique et avait subi longtemps en Italie les privations et les douleurs de l'exil. Rentré dans sa paroisse au Concordat, il était devenu aumônier de l'hospice à une date que j'ignore (antérieure au moins à 1808) (1), et, depuis quelques années, chanoine de la cathédrale. Il était à l'époque dont je parle plus qu'octogénaire.

A la vue de M. Descordes, il prit la parole pour lui reprocher sa conduite : « Monsieur l'abbé, vous venez mettre le trouble dans cette communauté !... » L'aumônier l'arrêta : « Pardonnez-moi, monsieur le chanoine, lui dit-il avec un très grand calme qui donnait plus de force à ses paroles, ce n'est pas moi qui mets le trouble ici. Dieu sait que j'ai cherché à ne froisser personne; je respecte les droits d'autrui, mais je veux qu'on respecte les miens. N'est-ce pas vous plutôt, monsieur le chanoine, vous, mon prédécesseur, qui semez la division dans mon troupeau et ajoutez aux difficultés de ma tâ-

(1) Le 23 août 1808, M. l'abbé Péchillon, *aumônier* de l'Hôtel-Dieu, reçoit les vœux de sœur Marie Dutillet. (Cfr. *Notice historique sur la Congrégation des Filles de Sainte-Marthe*, page 112).

che? Je vénère vos éminentes vertus, vos cheveux blancs, votre titre glorieux de confesseur de la foi; mais mon devoir est de vous défendre de dire la messe dans cette maison, soit aujourd'hui, soit à l'avenir. »

Ce langage pourra sembler dur, je n'y contredis pas; au moins reconnaîtra-t-on qu'il était juste. Dans l'Eglise, comme dans toute société bien réglée, les empiètements ne sauraient être tolérés. Le proverbe vulgaire a raison : tout charbonnier est seigneur dans sa charbonnière. Sauf, bien entendu, le droit de direction et de surveillance de son évêque, un curé, un supérieur, un aumônier doit être maître chez lui; et il n'est permis à aucun dignitaire ecclésiastique, chanoine ou autre, de venir, en s'ingérant dans son ministère par caprice, par complaisance ou même par zèle, le contrôler, le contrecarrer, le gêner et l'amoindrir.

A l'heure dite, M. Guitton inaugura la nouvelle chapelle et célébra la sainte messe; mais, ce jour-là, ni Mme Tabuteau, ni ses plus anciennes compagnes, à part Mme Jeanne Ogerdias, ne voulurent y paraître.

M. Descordes ne m'a pas expliqué s'il abandonna son aumônerie par suite des contrariétés qu'il y rencontrait; vu son goût pour la lutte, c'est peu probable, à moins que l'autorité ne soit intervenue pour lui donner le dessous, comme à la cathédrale. Je suis plus porté à penser qu'il resta aumônier de l'hospice jusqu'au moment où, suivant le désir de Mgr Guigou et le conseil de ses amis, il devint curé de Saint-André, c'est-à-dire jusqu'au 1er septembre 1829; ce n'était après tout qu'un stage de dix mois.

Malgré la brièveté de ce stage, malgré les ennuis qui l'avaient marqué, M. Descordes ne s'en montra pas moins toute sa vie très attaché à l'hospice et à la pieuse communauté de Sainte-Marthe. Quand une fois, du reste, Mme Tabuteau et quelques autres religieuses furent allées recevoir dans le sein de Dieu la récompense de leurs longs travaux au service des pauvres, il ne resta plus personne pour garder rigueur à l'ancien aumônier : on oublia ses rudesses du temps passé et même sa conversation du 26 décembre 1824 avec Mgr Guigou. La chapelle des Cordeliers, devenue la chapelle de l'hospice, retentit souvent de la voix de M. Descordes, à l'époque la plus brillante de sa carrière oratoire; et, même quand il eut cessé de se faire entendre ailleurs, il y prêcha souvent encore en mainte et mainte circonstance. Il faut citer notamment le discours prononcé le 9 décembre 1883, pour les noces d'or de Mme Albine Prémont (1). Ajoutons que, durant de longues années, il célébra dans cette chapelle, chère à son cœur, la messe de huit heures chaque dimanche.

De leur côté, les Sœurs de Sainte-Marthe l'entourèrent toujours de leur vénération, qui, à mesure qu'il vieillissait, revêtait quelque chose de filial ; et, quand vinrent les infirmités et les souffrances, les pieuses religieuses se constituèrent, à diverses reprises, ses fidèles et intelligentes garde-malades ; elles pouvaient, grâce à la proximité de sa demeure, située dans la rue Fénelon, lui prodiguer leurs soins dévoués sans trop s'éloigner de l'hospice.

(1) « La messe terminée, nous avons eu la bonne fortune d'entendre le vénérable M. Descordes, qui a bien voulu acquitter une dette contractée, il y a un demi-siècle, envers Mlle Albine Prémont, pour la profession de laquelle il devait prêcher. On comprend sans peine le plaisir qu'a goûté toute l'assistance en écoutant cette parole magistrale, presque aussi ferme et aussi vibrante qu'aux plus beaux jours. A entendre M. le doyen du chapitre, vraiment on ne se douterait pas qu'il porte la noble couronne de ses quatre-vingt-trois ans. » (*Semaine religieuse* du 16 décembre 1883, compte-rendu signé *P. Fargier*.)

CHAPITRE IV.

M. DESCORDES CURÉ DE SAINT-ANDRÉ. SON EXIL A ROME ET A POITIERS.

M. Descordes n'avait pas accueilli bien chaleureusement les premières ouvertures de M. Guitton au sujet de la cure de Saint-André ; mais, sur ces entrefaites, M. Boyer, un de ses anciens directeurs de Saint-Sulpice, étant venu prêcher la retraite ecclésiastique au grand séminaire d'Angoulême, le pressa d'accepter. Le premier président de la cour de Poitiers fit de même. Vaincu, ou à peu près, par tant d'instances, le jeune prêtre dit à son père : « La paroisse de Saint-André renferme beaucoup d'indigents : or, vous le savez, mon père, à tort ou à raison, on vous croit riche ; on me croira riche aussi et je recevrai de nombreuses demandes de secours. Comment ferai-je alors avec mes 750 francs de traitement et 150 francs de casuel peut-être ? Je serai donc réputé avare et mon ministère sera compromis ! A Dieu ne plaise ! Il y a pourtant un remède, qui dépend de vous : assurez-moi la rente annuelle d'une somme égale à la dot de mes sœurs mariées et je consens à devenir curé de Saint-André. »

M. Descordes père, ayant jugé cette proposition très raisonnable, y acquiesça et le fils accepta la cure de Saint-André, qui, depuis le mois de juin où elle vaqua par la translation de M. Chevrou à la cathédrale, était desservie par un vicaire régent, M. Grenaud (1).

(1) André Grenaud, né à Limoges, le 2 octobre 1801, incorporé au diocèse d'Angoulême en 1823, prêtre le 28 octobre 1828, d'abord vicaire de Saint-André; en août 1830, vicaire de Montbron et curé d'Orgedeuil. Bientôt déchargé de son vicariat, il se fixa dans sa paroisse, où il fit bénir de tous ses paroissiens sa bonté, sa piété et sa charité. En 1854, il devint le premier aumônier du Carmel, rétabli à Angoulême par la Mère Térèse de Jésus (Elisabeth de Sainte-Colombe). Nommé un peu plus tard diacre d'office à la cathédrale, il se vit contraint par des infirmités précoces à renoncer à toute fonction, et il ne songea plus qu'à se préparer une sainte mort. J'ai eu l'honneur de visiter ce vénérable vieillard et de m'asseoir une fois à sa table dans sa petite retraite de la rue du Pont-de-Véchillot. Il voulait qu'on respectât beaucoup le pain, comme le résumé des bienfaits de Dieu dans l'ordre de la nature, et le symbole du plus grand de ses bienfaits dans l'ordre de la grâce ; il lui appliquait le mot de l'Ecriture : *Particula boni doni ne te prœtereat*, et n'en laissait pas perdre une miette. Sa conversation était toujours sainte, mais aussi toujours joyeuse. Rien n'était touchant comme la ferveur avec laquelle il récitait son bréviaire : c'était sa principale occupation. Il y mettait une notable partie de la journée, car il aimait à pénétrer le sens de toutes les paroles du texte sacré et à en extraire, pour ainsi dire, par une espèce de méditation, le suc nourricier; mais cette occupation lui était très douce, et il y trouvait consolation et joie au milieu même de cruelles souffrances. M. Grenaud est mort le 8 février 1870, dans sa soixante-neuvième année, laissant aux pauvres d'Angoulême toute sa petite fortune, une vingtaine de mille francs. (Cfr. *Semaine religieuse* du 13 février 1870, pages 810-811.)

M. Descordes connaissait les devoirs d'un bon curé : il eut à cœur de les remplir dans l'administration de sa nouvelle paroisse ; catéchismes, prônes, visite des malades, soins des pauvres, dignité du culte, il ne négligea rien pour servir les intérêts de Dieu et des âmes ! D'aucuns même ne tardèrent pas à trouver son zèle exagéré : et on ne peut nier que quelques hardiesses dans la chaire, quelques satires virulentes des désordres du temps, quelques paroles brusques dans ses relations avec certaines personnes plus ou moins en faute, n'aient un peu donné prise sur lui ; mais ce ne furent pas les seules, ni les principales causes de l'impopularité qui s'attacha bientôt à sa personne. Les pseudo-libéraux ne lui pardonnaient pas d'être, comme toute sa famille, dévoué à Charles X ; quelques-uns d'entre eux, en outre, avaient à satisfaire des haines privées, des ambitions déçues, de basses jalousies à l'égard de M. Descordes père, dont le grand talent et les hautes fonctions les blessaient ; et, impuissants contre lui, ils voulaient le frapper dans son fils. Aussi, quand, grâce à la révolution de 1830, ils eurent escaladé le pouvoir, tâchèrent-ils d'ameuter les masses populaires contre le curé de Saint-André et contre son prédécesseur, M. Chevrou, devenu archiprêtre de la cathédrale, à qui ils reprochaient également son royalisme et son intransigeance religieuse.

A la veille même des glorieuses journées, le 18 juillet, troisième dimanche de ce mois, le jeune William D***, fidèle habitué du café des Colonnes, où se réunissait le clan libéral, voulut se donner le triste et facile honneur de troubler la procession solennelle de la confrérie du Saint Sacrement, et s'y présenta fièrement le chapeau sur la tête au moment où elle défilait sur la place du Mûrier (1).

(1) Dans une autre circonstance, le même person-

Il trouva un émule de son noble exploit dans un homme marié, le sieur L***, libraire : la fille de ce malheureux, l'une des premières communiantes de l'année, figurait avec ses compagnes dans le pieux cortège auquel il osait insulter.

Quand le coq gaulois eut remplacé les lis, les habitués du café des Colonnes devinrent plus audacieux et plus exigeants. A leur instigation, un des adjoints, M. Ganivet-Delisle (l'autre adjoint était M. Bellamy, qui appartenait au culte protestant), obligea Mgr Guigou à faire enlever la croix de mission, plantée le 26 février 1827 : il l'avertissait que, si on n'obtempérait pas immédiatement à cet avis, le peuple viendrait lui-même enlever la croix et peut-être la détruire. L'évêque, effrayé de ce langage dans la bouche d'un représentant de l'autorité, d'un homme dont le devoir était de protéger les droits de la religion et de la propriété contre l'émeute et de maintenir l'ordre public, ordonna aussitôt de transporter la croix de mission dans l'intérieur de la cathédrale.

Cette opération achevée, les manifestants font courir le bruit que le piédestal contient les statuts d'une association secrète. Vite des furieux se mettent à démolir ce piédestal et M. Ganivet en retire un tube de plomb, qu'il propose de déposer à l'hôtel-de-ville; mais la foule, déjà défiante à l'égard de l'adjoint, désigne pour cet office le citoyen M**-B***. Celui-ci porte donc dans la salle du conseil le tube mystérieux, le brise malgré l'opposition des deux adjoints, en retire divers parchemins et, sans réfléchir davantage, se rend au balcon et en commence la lecture à haute voix. Ces prétendus statuts d'association secrète étaient

nage était entré un matin dans la cathédrale, au sortir d'un bal masqué et avait occasionné du scandale parmi les fidèles : c'étaient bien là des procédés dignes d'un *sauteur*.

le procès-verbal de plantation de la croix et la liste nominative des souscripteurs.

Au commencement de la lecture, la foule applaudissait ironiquement à certains noms qui ne lui étaient pas sympathiques; mais, comme presque toutes les familles angoumoisines avaient souscrit, voilà que, à un moment donné, les noms mêmes des plus acharnés manifestants retentissent par l'organe du citoyen M**, assez embarrassé de son rôle ; des rires et des huées éclatent dans la foule, changeante comme toutes les foules, et les quolibets ne sont pas épargnés aux meneurs. Ceux-ci, pour sauver la situation, s'empressent de demander la suppression de la lecture et, séance tenante, ils livrent aux flammes ces malencontreux papiers dont ils avaient été les premiers à réclamer la publicité (1).

M. M** fut récompensé de son zèle en cette journée par la place de commissaire de police de l'Houmeau. M. Ganivet, par contre, eut à subir quelques avanies. Quand il eut été décoré le 1er janvier 1831, des jeunes gens prirent à tâche de le ridiculiser en rapprochant, dans une action symbolique, et l'idée de la croix de mission qu'il avait fait disparaître et celle de la croix de la Légion d'honneur dont il était fier de se parer : dès qu'il se montrait au théâtre, ils saluaient son entrée par le mot d'ordre *Croix du Sauveur !* et chacun d'eux attachait à sa boutonnière une croix de chapelet soutenue par un ruban blanc. M. Ganivet dut recourir à la police pour réprimer ces impertinents (2).

La nomination comme maire, le 12 septembre 1830, de M. Pierre-Philippe de Lambert n'arrêta point les tracasseries contre les catholiques; le maire se laissa conduire par la coterie dominante,

(1) *Notes de M. Quignon.*
(2) *Id.*

défendit aux Frères de l'Ecole chrétienne, établis dans l'ancien collège des Jésuites depuis l'automne de 1821, de rouvrir leurs classes, et proposa de réorganiser l'enseignement mutuel : ce que le conseil municipal accepta. Le 20 novembre, le même conseil prit une mesure qui visait directement M. Descordes : il défendit que la grosse cloche de Saint-André sonnât désormais pour les cérémonies du culte. C'était un abus de pouvoir, contre lequel protestaient les emblèmes religieux et l'inscription de la cloche; mais on connaît le respect des libéraux pour les droits d'autrui.

Descendue pendant la Terreur pour être envoyée à Rochefort, la grosse cloche de Saint-André avait heureusement été oubliée sur le port de l'Houmeau et la municipalité l'avait réintégrée dans le clocher vers la fin de 1795. Comme depuis elle s'était fêlée, on la refondit en 1827; elle pesait d'abord 1,485 kilog. et avait un battant de 48 kilog. On porta son poids, lors de la refonte, à 1,754 kilog. 500 gr. et celui du battant à 63 kilog. Le 12 novembre 1827, elle fut bénite par Mgr Guigou.

Les fondeurs y ont reproduit l'ancienne inscription, que précèdent la mention de la refonte, et les noms des nouveaux parrain et marraine, etc.

La présente cloche a été refondue en 1827, J.-J. G.-Desouche, président de la fabrique, et Landreau, comre et trésorier.

Furent parrain et marraine le baron Eutrope-Alexis de Chasteigner, maire d'Angoulême, et madame Angélique-Constance-Emilie de Gourden, marquise de Marnière de Guer.

Gouyot, Malnuit et Decharmes, fondeurs.

J.-H.-S. M. L'AN 1556. JE FUS FAITE POUR SAINT-ANDRÉ D'ANGOULÊME ET POUR LE PUBLIC DE LA VILLE.

Me J. DE LATOUCHE, H. ROBIN ET J. DE CHILLOUX, FABRICIENS.

Le maire, M. de Lambert, qui était catholique, s'effaça pour laisser à M. Bellamy le soin de signifier au curé et à la fabrique de Saint-André la décision du conseil municipal : cette signification eut lieu le 3 février 1831. La fabrique chargea d'abord son secrétaire, M. Jacques Maygrier, de soumettre à la mairie quelques réflexions de nature à convaincre le conseil municipal que sa délibération et sa décision étaient fondées sur une erreur de fait (1); mais, cette démarche n'ayant eu aucun succès, la fabrique, réunie extraordinairement le 6 février, arrêta qu'il serait demandé « au conseil de préfecture l'autorisation de plaider devant les tribunaux compétents pour faire valoir ses droits à la propriété ou copropriété de la cloche en litige » (2). Cette affaire pourtant si claire traîna dix ans, et c'est en 1841 seulement que justice fut faite et que le conseil d'Etat proclama le droit de la fabrique de Saint-André (3).

(1) Le conseil municipal d'Angoulême, par sa délibération du 20 novembre 1830, s'appuyant sur autre délibération du corps de ville du 2 avril 1525, réclamait la propriété d'une cloche fondue en 1525, du poids de 3,184 livres, laquelle avait eu pour parrain le sieur Journault (Laurent, alors maire d'Angoulême) et pour marraine Jacquette Bigotte. Or, disaient les marguilliers, « cette cloche n'existe plus au clocher de Saint-André et elle en a disparu par des raisons que la commune doit connaître (elle avait sans doute été détruite pendant la Révolution). La seule cloche qu'on a replacée était du poids de 2,900 livres environ, portant cette inscription : « L'an 1556 je fus faite pour Saint-André d'Angoulême et pour le public de la ville. Me J. de la Touche, H. Robin, J. de Chilloux, fabriciens. (Reg. des délib. de la fabrique de Saint-André.)

(2) En mai 1833, la fabrique autorise les marguilliers à poursuivre contre la mairie la reconnaissance de ses droits sur la cloche en litige; le 30 juillet elle renouvelle cette autorisation.

(3) Voici ce que porte une note des registres de catho-

En attendant, le dimanche qui suivit la signification de l'ukase du conseil municipal (c'était, si je ne me trompe, le 6 février, dimanche de la Sexagésime, jour où l'on célébrait les prières des Quarante-Heures à Saint-André), M. Descordes, afin de donner plus d'éclat à la protestation qu'il se disposait à faire au prône de la grand'messe, défendit aux employés de l'église de sonner aucune des cloches, comme si l'on eût été au vendredi saint; et, pour convoquer les fidèles à l'office, il ordonna au sacristain Roche de *passer les échilles* (1) par toutes les rues de la paroisse à trois reprises différentes. A ce bruit, les passants s'arrêtent, les ménagères accourent sur le seuil de leurs portes; tous demandent au sacristain pourquoi il *passe les échilles* en pareil temps; et lui de répondre, suivant sa consigne : « Soyez à la grand'messe et monsieur le curé vous le dira. »

A cette tactique du curé, les libéraux, comprenant quel ridicule elle jetait sur eux, s'empressèrent d'en informer M. Ganivet, et M. Ganivet se mit à la poursuite du sacristain. Il l'atteignit au

licité de Saint-André : « La sonnerie de la grosse cloche, interrompue depuis l'an 1830 (ou 1831), a été reprise aujourd'hui, 25 décembre 1841, en vertu d'un arrêté de la préfecture du 22 courant, basé sur une décision du ministre des cultes (M. Martin, du Nord), du 8 du présent mois. Le 16 décembre on adressa cette décision à M. le curé de Saint-André, et le 22 Monseigneur reçut, par une lettre officielle, l'arrêté préfectoral déjà relaté. Le 24 encore du même mois, M. le curé écrivit à M. Vallier, maire d'Angoulême, pour lui annoncer que le lendemain, solennité de Noël, on sonnerait cette grosse cloche : ce qui eut lieu, en effet, sans obstacle et sans manifestation aucune. »

(1) *Echille*, *clochette*, du latin *scilla*, transcription du grec, qui désigne en botanique la jolie fleur printanière vulgairement appelée *clochette* à cause de sa forme.

moment où celui-ci achevait son deuxième tour de paroisse, le réprimanda fortement et le menaça des rigueurs de la loi s'il n'interrompait à l'instant sa sonnerie insolite et illicite. Le sacristain, n'ignorant point combien lui, pauvre homme, était au-dessous d'un riche et puissant bourgeois orné de l'écharpe municipale, se laissa intimider et revint à la cure faire rapport de cet incident. M. Descordes lui démontra que ses craintes n'étaient point fondées; mais, ajouta-t-il, « puisque vous avez fait presque deux fois le tour de la paroisse, cela suffit pour le résultat que je me propose. »

A la grand'messe il y eut foule; dans un langage tout à la fois énergique et mesuré, M. Descordes stigmatisa comme elle le méritait l'odieuse tracasserie du conseil municipal et déclara que, si la prohibition relative à la grosse cloche n'était pas levée, il ne laisserait lui-même sonner aucune des autres cloches. « Quand la mère est injustement condamnée au silence, dit-il, les filles ne peuvent pas élever la voix. »

La conduite de M. Descordes dans cette affaire fut loin d'être goûtée même par tous les catholiques de sa paroisse, dont plusieurs le taxèrent d'imprudence; mais elle fut surtout exploitée contre lui par ses ennemis et les ennemis de la religion (c'étaient les mêmes) pour raviver les préjugés et les colères de la populace. Les libéraux semaient le vent : ils allaient récolter la tempête; à dire vrai, ils n'en furent que médiocrement fâchés.

On sait que, le 14 février 1831, à l'occasion d'un service funèbre pour le duc de Berry, à Saint-Germain-l'Auxerrois, éclata une émeute dans laquelle il se commit, sous les yeux et avec la connivence du pouvoir, les plus affreux brigandages. La foule saccagea l'église et le presbytère ; la croix fut arrachée du chevet et renversée aux applaudissements de tous. Le lendemain une hideuse mascarade, renouvelant des scènes qu'on n'avait pas vues depuis les plus mauvais jours de la Convention, promena par les rues les ornements sacerdotaux. Bientôt les émeutiers se jetèrent sur l'archevêché, mirent au pillage la riche bibliothèque, les manuscrits, les objets d'art, le mobilier, brisant et souillant tout ce qui leur tombait sous la main.

Quand ces événements furent connus à Angoulême, ils donnèrent un nouvel aliment à l'esprit d'impiété qui animait les libéraux. Ceux-ci dressèrent leurs plans et convoquèrent leurs bataillons, sans faire mystère même du jour qu'ils avaient choisi pour imiter la capitale. Les magistrats d'Angoulême imitèrent, de leur côté, l'insouciance (est-ce le mot ?) de leurs collègues de Paris et ne prirent aucune mesure pour empêcher un mouvement que tout le monde savait devoir se produire le dimanche 20 février.

Mgr Guigou fut averti que M. Descordes était particulièrement visé par les meneurs et qu'il n'était pas en sûreté dans sa maison. « Dites à l'abbé Descordes de venir chez moi, répondit le prélat, je lui donne des appartements. — Mais, Monseigneur, vous ne savez pas toute la haine qu'on porte à ce pauvre prêtre ; ce serait exposer vos jours. — N'importe ; le prêtre est toujours bien auprès de son évêque. S'il y a du danger pour lui, il ne périra pas seul. » (1)

M. Descordes n'eût pas voulu compromettre son évêque, et il refusa cette offre généreuse. Sur ce refus, Mgr Guigou lui envoya, le samedi soir, un des fabriciens de Saint-André, M. Lurat, pour le prier de quitter son presbytère et d'aller coucher dans quelque maison amie. « Je répondis à M. Lu-

(1) *Vie de J.-J.-P. Guigou, évêque d'Angoulême*, par M. J.-M. Michon, pages 147 148.

rat : « Que Monseigneur ne craigne rien : j'ai pris « mes précautions. » Et, du reste, j'avais donné assez de coups de poings aux meneurs, quand nous fréquentions ensemble le collège, pour n'avoir pas peur d'eux. Le bon évêque me renvoya son messager une seconde fois pour insister, et, comme j'avais renouvelé la même réponse, une troisième fois encore. « Quoique vous croyiez, me faisait-il dire, qu'aucun danger ne vous oblige à « chercher un refuge en dehors de chez vous, faites-« le pour moi. » Ne pouvant résister à des instances si pressantes, j'allai, après avoir caché en lieu sûr les vases et ornements sacrés, prendre gîte chez M. Jacques Maygrier, membre de la fabrique, qui demeurait dans la rue de la Cloche-Verte. C'était le frère de M. François Maygrier (1), qui avait été curé de Saint-André de 1807 à 1810, après M. Labrue et avant M. Labeyrie. Cet excellent homme, qui m'aimait beaucoup et n'aimait pas plus les libéraux qu'il n'avait aimé M. Lacombe (il l'avait même souvent chansonné), me reçut avec empressement. Mgr Guigou, satisfait de la retraite que j'avais choisie, m'envoya l'ordre de n'en pas sortir le lendemain, pas même pour célébrer la messe, quoique ce fût un dimanche ; j'obéis à contre-cœur ; et, comme vers onze heures et demie, il ne s'était produit aucun bruit insolite dans le quartier, je me mis à dire à mon hôte : « Vous voyez combien il était peu utile d'abandon-« ner mon presbytère et de me priver de monter à « l'autel : il n'y aura point d'émeute. » Je me trompais : bientôt, en effet, on entendit un grand vacarme du côté du château, où est aujourd'hui l'hôtel de ville. »

(1) M. Maygrier, curé de Saint-Paul d'Angoulême à la Révolution, avait refusé le serment et émigré en Espagne où son frère Jacques était allé le rejoindre. Il mourut curé de Saint-André le 9 février 1810.

C'était la bande révolutionnaire, dont les chefs avoués (les premiers inspirateurs du mouvement restaient dans l'ombre) étaient, suivant la tradition, le libraire L***, l'horloger P**-B** et Francisque D***, fils d'un maître de pension, professeur au collège royal. Ils avaient commencé par se précipiter, dans la rue du Sauvage, contre le petit séminaire, et les enfants avaient dû s'échapper par les jardins voisins du côté de l'église Saint-Martial et de la rue Fanfrelin. De là ils étaient allés briser à coups de pierres les vitres du grand séminaire, en poussant des cris de mort contre les calotins. Les deux adjoints, qui auraient pu avec quelques précautions prévenir ces désordres (M. de Lambert, le maire, était absent), se contentèrent de se mettre à la tête des émeutiers pour les diriger et les empêcher de se porter aux derniers excès.

Un des articles du programme était de s'emparer de M. Descordes, et la foule criait : *A Saint-André! à Saint-André!* M. Bellamy, qui avait pris les devants, revint déclarer que le curé n'était plus dans son presbytère et qu'il était parti. Un nouveau cri se fit alors entendre : *Chez Chevrou!* M. Chevrou, curé de la cathédrale, était tranquillement auprès de son foyer, et, comme saint Pierre, *calefaciebat se.* Il habitait à l'entrée de la rue Corneille, où est la fonderie de cuivre de M. Guillebaud; dès que les clameurs populaires arrivèrent à ses oreilles, il comprit vite le péril de sa situation ; et, pendant que sa vieille mère parlementait avec les adjoints, qui lui affirmaient qu'on ne ferait aucun mal au curé, dont on voulait seulement la démission, il eut le temps de se sauver dans l'hôtel de Galard, contigu à sa demeure. Les émeutiers se rendirent alors au palais épiscopal, grande maison à colonnes ioniques qui est située devant la façade de l'Hôtel-Dieu : ils exigèrent et obtinrent de Mgr Guigou que M. Labeyrie, dépossédé de la cure de Saint-André au commencement de 1827, y fût rétabli à la place de M. Descordes. Le dimanche suivant M. Labeyrie s'installa dans ladite cure en présence de toute la garde nationale, qui voulait lui faire honneur, et cette circonstance lui valut le surnom de *curé des baïonnettes*.

M. Vincent Labeyrie, né le 17 janvier 1756, à Saint-Sever, diocèse d'Aire, était barnabite à Guéret avant la Révolution. Il prêta le serment avec enthousiasme et entra dans le clergé constitutionnel. Au Concordat, son compatriote et son ami, Jean-Pierre Saurine, évêque intrus des Landes, ayant été nommé au siège de Strasbourg, l'appela dans son nouveau diocèse et fit de lui son secrétaire, puis bientôt un chanoine de sa cathédrale ; mais l'empereur, à qui on avait adressé de graves plaintes contre Labeyrie, exigea, dit-on, sa démission dans les vingt-quatre heures. L'ex-chanoine cherchait fortune à Paris : il y rencontra Mgr Lacombe, qui s'y était rendu pour le prétendu concile national de 1811, et il se recommanda auprès de lui de leur commune adhésion à l'église constitutionnelle. C'était un titre puissant à la faveur du prélat. M. Labeyrie fut donc nommé curé de Saint-André et ne tarda pas à devenir l'intime de l'évêché. Pendant les premiers temps, sa tenue fut assez correcte pour faire illusion à plusieurs de ses paroissiens et même au chanoine Lemaistre. M. Descordes père s'était laissé tromper au point de le charger de préparer son fils à la première communion; j'ai dit déjà que les leçons durèrent peu de temps, l'élève s'étant scandalisé (1). Voici pourquoi. Comme il avait remarqué sur la cheminée du salon deux statuettes, celle d'un homme et celle d'une femme, il demanda qui elles représentaient : « C'est Martin Luther et Catherine de Bore », répondit M. Labeyrie. L'enfant trouva

(1) Cfr., page 15.

étrange que son curé exhibât en une place d'honneur de pareils saints. En outre, un jour qu'il accompagnait son catéchiste à travers la paroisse, ils rencontrèrent des personnes dont l'attitude et la toilette marquaient assez ce qu'elles étaient. M. Labeyrie les ayant saluées avec une bienveillance évidente, Armand, qui avait laissé au collège l'heureuse naïveté de son âge, lui en exprima son étonnement : « Ah ! repartit M. Labeyrie en souriant, ce n'est pas elles que je salue, c'est leur ange gardien. » Cette plaisanterie déplacée mit le comble au dégoût d'Armand, qui ne voulut plus retourner chez son maître. Plus tard, en 1827, M. Labeyrie s'opposa, autant qu'il put, à l'évangélisation de sa paroisse par les missionnaires de France. C'est alors que Mgr Guigou, cédant au désir des vrais fidèles, lui constitua une pension et le remplaça, le 1er avril 1827, comme curé de Saint-André, par M. Chevrou, auquel M. Descordes avait succédé le 1er septembre 1829.

Tel était l'homme que les libéraux d'Angoulême comblaient de leurs sympathies ; c'était pour eux le type du *curé patriote*. M. Labeyrie garda la cure de Saint-André jusqu'au 1er juillet 1838 et jusqu'à lasser ses zélés partisans. Il mourut démissionnaire le 29 octobre 1843, dans sa quatre-vingt-huitième année.

Cependant ni M. Descordes ni M. Chevrou ne pouvaient demeurer à Angoulême, où les colères étaient toujours ardentes contre eux : ils partirent donc ensemble pour Bordeaux. Il va sans dire qu'ils étaient obligés de cacher leur qualité d'ecclésiastiques et qu'ils avaient pris pour cela le vêtement des hommes du monde. M. Descordes le portait avec beaucoup de bonne grâce ; son aisance, son ton dégagé, sa conversation vive et spirituelle déroutaient tous les soupçons. Il n'en était pas de même du curé de la cathédrale, dont la gravité et la dignité s'accommodaient mal d'un autre habit que la soutane. Aussi, dans la voiture publique, une dame qui, tout en causant avec M. Descordes, n'en avait pas moins été frappée de l'attitude sérieuse et taciturne de M. Chevrou, dit-elle enfin, en le montrant à son interlocuteur : « Mais, monsieur, votre compagnon de voyage ne serait-il point prêtre ? il m'en a tout l'air. — Lui prêtre, madame ! répliqua M. Descordes : il est prêtre comme moi ! »

De Bordeaux M. Descordes partit pour Rome, où il fut pourvu d'une place de chapelain à Saint-Louis des Français. Il y resta une année et en profita largement pour visiter les richesses religieuses et artistiques dont cette ville est remplie. Je n'ai malheureusement aucun détail sur cette époque et sur les impressions qu'il éprouva au milieu des splendeurs de la capitale du monde chrétien, et en présence du Vicaire de Jésus-Christ. M. le chanoine Davant, aujourd'hui doyen du chapitre, m'a conté seulement que, dans une audience de Grégoire XVI, il demanda d'innombrables faveurs spirituelles, permissions ou dispenses ; si bien que le Pape à chaque demande s'écriait : « Encore ! » Au nombre de ses demandes figurait la dispense de réciter son bréviaire en voyage dans les temps de persécution (1). Grégoire XVI la lui accorda, mais en l'obligeant de dire à la place je ne sais combien de chapelets.

M. Descordes ne manqua pas, étant à Rome, d'étudier l'italien, et il l'apprit d'une manière fort convenable. Cinquante ans plus tard, il exposait en ces termes, dans une lettre à une religieuse, la méthode qu'il avait suivie lui-même :

« Le moyen d'apprendre vite l'italien, c'est de

(1) Il avait, dans la même préoccupation, fait relier élégamment un *Breviarium totum*, sur le dos duquel le relieur avait imprimé en gros caractères : *Les Aventures de don Quichotte.*

ne se servir que le moins possible de sa langue maternelle, de fréquenter les Italiens instruits, et surtout de faire une lecture italienne chaque jour pendant une demi-heure devant une personne sachant bien sa langue, qui reprenne chaque faute de prononciation. »

Le choléra ayant éclaté en France en 1832, M. Descordes ne crut pas pouvoir rester plus longtemps en Italie, et, comme, d'autre part, son retour à Angoulême eût été prématuré, il rentra dans sa famille, à Poitiers, et se mit à la disposition du vénérable évêque, Mgr Jean-Baptiste de Bouillé, pour soigner les cholériques.

Après la cessation du fléau, il continua d'exercer le saint ministère sous l'autorité de ce prélat, mais sans aucun titre officiel et comme simple auxiliaire. Pour l'attacher à Poitiers, Mgr de Bouillé, qui l'aimait et l'estimait beaucoup et l'avait nommé chanoine honoraire le 18 mai 1833, lui offrit une belle paroisse ; mais M. Descordes n'accepta pas, attendu qu'il ne voulait point s'engager en dehors de son diocèse natal. Il passa ainsi quatre années, durant lesquelles son talent et son goût pour la prédication se développèrent à l'envi l'un de l'autre. Au commencement de l'année 1836, M. Mareschal, qu'il avait été visiter, le décida, non sans peine, à se rendre au désir du bon Mgr Villecourt et à se charger de la station du carême à La Rochelle. Au moment de se lancer dans une carrière si difficile, rien d'étonnant que le jeune prêtre hésitât; mais son ancien supérieur le connaissait et savait qu'il était prêt. L'événement ne trompa point son attente.

Je réunirai plus loin en un seul tableau le peu que je sais des prédications de M. Descordes ; je veux achever d'abord le récit de son ministère paroissial.

CHAPITRE V.

M. DESCORDES CURÉ DE MONTBRON, PUIS DE COGNAC.

Il y avait à peu près sept ans que l'émeute l'avait chassé du diocèse d'Angoulême, quand il y rentra : Mgr Guigou le nomma curé-doyen de Montbron, en remplacement de M. Basset des Rivailles, mort en juillet 1837, et sa nomination fut agréée le 8 janvier 1838. Mais M. Descordes aspirait dès lors à la vie errante et agitée du missionnaire : il n'alla qu'à contre-cœur à Montbron, se proposant bien de n'y pas rester, et, dans cette pensée, il ne se fit même pas installer. « Quand donc monsieur le curé célèbrera-t-il son mariage avec l'Eglise? » disaient les enfants de chœur, par allusion à cette cérémonie de l'installation ; mais leur question restait sans réponse.

La domestique de son prédécesseur étant venue lui offrir ses services : « Ma fille, lui dit-il, d'après les bons renseignements qu'on m'a donnés sur votre compte, je vous accepte, mais aux conditions suivantes, écoutez-moi bien. Vous avez

7

trois défauts que je ne puis supporter. 1° Il paraît que vous aimez beaucoup à causer, à la fenêtre de votre cuisine, avec les personnes qui passent dans la rue : je m'y oppose absolument, et, si je vous y prends une seule fois, je ferai murer la fenêtre. 2° Vous vous croyez obligée de recueillir tous les cancans de la ville et de les rapporter au presbytère : je vous avertis que je ne veux pas en entendre un mot. 3° Vous êtes, dit-on, très impressionnable et, à la moindre contrariété, vous avez des attaques de nerfs : je n'admets pas cela. Voici un seau, que je placerai dans la cuisine ; j'aurai soin qu'il soit toujours plein d'eau ; à la première grimace ou contorsion, je vous en jetterai le contenu à la figure ; et, une fois que vous serez revenue à votre bon sens, vous ferez votre paquet et vous partirez. » La digne créature se soumit aux conditions imposées et promit à son nouveau maître qu'il n'aurait aucun reproche à lui faire. La tradition dit qu'elle tint parole pendant le temps que M. Descordes demeura curé de Montbron, c'est-à-dire pendant un an et demi environ. Mgr Guigou ne l'y laissa pas davantage, parce qu'il eut besoin de lui pour un poste plus important.

Le 23 août 1838 était mort le curé de Cognac, M. André Coutant, qui avait gouverné cette paroisse de 1786 à la suppression du culte en 1793 et y était revenu au Concordat. Depuis 1822 il avait pour vicaire le desservant de Javrezac, M. Sarthe. Le ministère de ces deux prêtres avait été insuffisant à réparer les ruines de la Révolution, et la paroisse était dans un triste état. Un contemporain nous représente la seconde ville de l'Angoumois « très agréable par son site, riche et prospère sous le rapport matériel et commercial », mais « pauvre, indigente du côté des biens de la grâce ». Il trace « un affligeant tableau... de l'ignorance religieuse où étaient plongés tous les âges et tous les rangs de la population, de leur soif insatiable des richesses de la terre, et de leur amour excessif des grossiers plaisirs des sens. Cognac lui apparaissait comme la Babylone du pays, exerçant une domination pestilentielle, qui devait ruiner tous les efforts tentés pour opérer le bien dans les environs tant qu'on n'aurait pas », en la convertissant elle-même, « sapé le mal aux fondements. » (1)

(1) *Le P. Convers, sa vie, ses travaux, ses vertus*, etc., page 121. — Le P. Convers (Pierre-Joseph-Noël-Marie), né à Attignat (Ain), le 30 avril 1806, était un des premiers Maristes de Lyon.

M. Tarrère avait eu la pensée de confier le soin de développer sa maison de Bassac à ces pieux religieux, qui auraient aussi prêché des missions dans les paroisses voisines. Cette pensée ayant été approuvée de Mgr Guigou, le supérieur général et fondateur des Maristes, le P. Colin, envoya le P. Convers à Angoulême pour étudier les moyens de l'exécuter; mais la difficulté où l'on se trouva, grâce à M. Gay, le vétérinaire, d'acheter l'abbaye de Bassac, fit avorter l'entreprise. Cela n'empêcha pas le P. Convers d'évangéliser avec un grand zèle et un grand succès Bassac et quelques autres localités, de donner les plus sages conseils au supérieur et aux professeurs de Bassac, de les amener à établir d'excellents usages et de faire régner parmi leurs élèves, par ses instructions et sa direction spirituelle, une fervente piété. Dans l'embarras où M. Guitton se trouva, par suite des intrigues de M. Sarthe à Cognac et de l'opposition faite à la nomination de M. Descordes, il demanda au P. Convers de vouloir bien se charger par intérim d'administrer cette paroisse. Le vénérable missionnaire accepta par dévouement, eut beaucoup à souffrir, mais fit beaucoup de bien. Il faut citer parmi les honnêtes gens qui lui vinrent en aide, outre Mlle Coutant, la nièce du curé précédent, M. Auguste Merceron et M. Berchon, tous deux membres de la fabrique. M. Pouzout, curé de Saint-Martin, et les bonnes Sœurs de la Sagesse de l'hôpital lui rendirent aussi de grands services. Nommé vicaire de Cognac le 12 octobre 1838, et le 15 novembre, *vicaire*

Ajoutez qu'un parti considérable s'était formé pour faire mettre M. Sarthe à la tête de la paroisse et que celui-ci ne s'abandonnait pas lui-même. Cependant, la quasi-stérilité de son ministère pendant dix-sept ans de vicariat ne portait guère à augurer favorablement de son ministère comme curé. Aussi n'était-ce point sur lui que s'était fixé le choix de l'évêque : l'éloquence déjà renommée de M. Descordes, son intrépidité et sa fermeté de caractère, sa foi énergique, sa piété et son zèle le lui faisaient regarder comme le plus capable dans le diocèse de vaincre les difficultés de la situation. M. Descordes avait consenti d'abord à devenir curé de Cognac pour quelque temps ; mais, préoccupé de son désir de se livrer tout entier à la prédication, il eût voulu revenir sur sa parole. C'est ce qui motiva la lettre suivante (1) de Mgr Guigou. Le prélat était en Provence, où le retenait depuis une année sa pauvre santé ; il écrivait d'Hyères, le 15 avril 1839 :

régent, le P. Convers gouverna la paroisse jusqu'au 6 août 1839, jour où arriva M. Descordes. Le 15 février, un de ses confrères, le P. Chartignier, lui avait été envoyé comme auxiliaire. Il faut lire dans la *Vie* du P. Convers les admirables travaux de ces deux saints missionnaires. Le manque de ressources empêcha la fondation projetée d'une maison de leur congrégation dans le diocèse, qu'ils ne tardèrent pas à quitter. Ce fut cependant encore grâce au P. Convers que commencèrent les premiers pourparlers pour l'achat de Richemont. Ce saint prêtre mourut curé de Bon-Encontre et supérieur du pèlerinage, près Agen, le 11 février 1855, n'ayant que quarante-neuf ans. Sa mémoire est restée en bénédiction.

(1) Cette lettre a été imprimée, sauf les noms propres, à la suite de la *Vie de Mgr Guigou*, pages 128-130, par les soins de M. Michon, qui en devait peut-être la communication à M. Descordes lui-même.

« Prenons garde que l'Esprit de Dieu ne se retire, mon cher abbé. Je le bénissais de vous avoir mis dans la disposition de vous charger, au moins temporairement, de la cure de Cognac : vous n'y êtes pas encore, que vous vous occupez déjà des moyens d'en sortir et même de n'y pas aller. Votre vertu et votre repos peuvent-ils gagner quelque chose à cette inquiétude ? Les instructions de l'Eglise nous enseignent qu'il faut opérer le bien *dum tempus habemus... dies enim mali sunt ;* ce qui peut, je crois, signifier qu'il ne faut pas prendre trop de souci du lendemain, parce que nous ignorons *quid paritura sit ventura dies.* Ayez, je vous en prie, plus de simplicité dans la poursuite de ce que vous jugez vous convenir, et laissez l'inquiétude au pécheur. Monsieur votre père avait certainement connu, aimé, estimé un ministre sous Bonaparte qui me disait un jour : « *J'ai toujours observé que les hommes se trompent lorsqu'ils veulent être eux-mêmes les artisans de leur bonheur. On doit faire son devoir et laisser ce soin à la Providence.* » Si elle me destinait à contribuer au vôtre, vous savez, mon cher ami, que je n'y faillirais pas. Cependant faisons ce qu'il faut, aujourd'hui le catéchisme à Montbron, demain le prône à Cognac, et après-demain rien, si nous en avons le loisir. Dites-moi que vous êtes persuadé que je ne vous imposerai rien sans que vous ayez la conviction que je le dois, et vivez tranquille.

« Lorsque M. l'abbé Guitton m'écrivit qu'il vous avait invité à vous charger de la station de Limoges, je lui répondis que, si je ne vous avais pas désigné dans quelque lettre précédente, nous aurions au moins fait un pape (1) ; car certainement j'y pensais au moment qu'il vous en parlait.

« Vous voyez donc qu'on peut être curé de Montbron et suivre un attrait dominant. Mais vous ne l'êtes plus ; ce qui vous attend est bien plus sûre-

(1) *Nous aurions fait un Pape,* expression familière et figurée, dit Littré, qui s'emploie en parlant d'une personne qui a eu la même pensée que nous en même temps que nous.

ment marqué dans les desseins de Dieu. Je le lis dans la satisfaction que j'en éprouve et mille autres considérations que vous pouvez voir comme moi, quoiqu'elles vous soient la plupart personnelles. Ne vous effrayez pas. Je vous déclare sincèrement que je ne prévois pas que vous y restiez, mais je veux que vous y alliez *cum animo commorandi*. C'est le plus sage, et quel profit si vous vous y faisiez enterrer !

« Vous êtes très capable, mon cher ami, de bien et beaucoup parler de mon affection et de mon respect à Mgr de Limoges ; si vous le faites en italien, il l'agréera d'autant mieux, *giacché gli piglia gusto*. Surtout, si vous en avez appris plus que les mots, vous ne lui direz pas *che siamo amici* (ce n'est pas italien), mais *che, se mai sente leve fiato che lento s'aggiri, dica : « Sono questi gli estremi sospiri d'un amico che muore.* »

« J'ai reçu les *Madonnine*, dont je le remercie : il m'en reste, qui trouveront leur place. Son Eminence Mgr d'Isoard est ici avec son frère Joseph. *Invecchiano, come facciamo tutti.*

« Adieu, mon cher abbé.

« † P. *Ev. d'Angoulême.* »

C'est à Limoges, où il venait de prêcher la station quadragésimale, close le jour de Pâques, 31 mars 1839, et où il se reposait dans l'intimité du vénérable Mgr Prosper de Tournefort, que M. Descordes reçut cette lettre. Comme Mgr Guigou s'y montre bon et paternel ! Comme on y voit l'affection qu'il avait pour ce prêtre éminent et le grand cas qu'il faisait de lui ! Il éprouve une vive satisfaction de l'avoir nommé curé de Cognac, parce que nul mieux que lui n'est capable d'y réussir. Du reste, il n'exige pas un engagement définitif ; il se contentera d'un sacrifice temporaire et d'un séjour transitoire à Cognac, quoiqu'il ajoute en badinant : « Quel profit pour vous si vous vous y faisiez « enterrer ! » Il comprend, du reste, l'attrait de M. Descordes pour la prédication ; il sait quel grand bien résultera de cet attrait : aussi ne l'en détourne-t-il point, en lui demandant de différer à s'y livrer. Deux ans plus tard, dans une lettre à un ami, datée d'Angoulême le 13 avril 1842, il écrivait : « L'abbé Descordes veut se donner à la prédication : il y obtient, en effet, des succès. Je ne combats pas cette vocation ; et mon amitié et mon estime lui en tiendront compte, si Dieu m'en donne le temps, le moyen et l'opportunité. » (1)

M. Descordes ne pouvait se dispenser de se rendre aux instances de son évêque : du reste, il envisageait sa mission comme passagère et se proposait, une fois le terrain déblayé, de se faire donner pour successeur M. Léon Berchon, son ancien vicaire à Saint-André. La nomination fut expédiée au ministère; mais les députés de la Charente essayèrent de l'entraver, en rappelant le royalisme de M. Descordes et son impopularité à Angoulême dix années auparavant. Le ministre des des cultes, M. Teste, voulut exiger de lui et de M. Philippe Prévost du Las, nommé à la cure de Ruffec, une déclaration politique et comme une espèce de serment de fidélité à la monarchie de juillet : les candidats refusèrent. Enfin le ministre, sur les protestations de M. Guitton, finit par passer outre, et le décret approbatif de la nomination de M. Descordes fut signé le 14 juillet 1839, presque une année depuis la mort de M. Coutant.

Cependant M. Descordes ne paraissait pas encore pressé de prendre possession d'un poste qu'on lui avait si longtemps disputé, quand une circonstance imprévue précipita son départ. M. Guitton, après les tentatives infructueuses faites pour maintenir le petit séminaire à Bassac, avait résolu, du consentement de Mgr Guigou, d'acheter l'an-

(1) *Vie de Mgr Guigou*, page 159.

cien château de Richemont, et le père de M. l'abbé M. Prévost du Las avait obtenu du propriétaire une promesse verbale de vente. Tandis que M. Descordes temporisait, le curé de Saint-Sulpice, M. Sajous, (1) vint annoncer que les protestants de Cognac, mécontents du projet d'établir le petit séminaire diocésain à leurs portes, s'agitaient pour mettre une surenchère sur le château de Richemont et faire manquer l'affaire. Là-dessus M. Descordes ne tarda plus : il expédia ses meubles devant lui, passa par Moulidars pour y conférer avec M. Prévost, et arriva en plein jour à Cognac par la voiture publique. Quelques mois auparavant, sur un faux bruit de sa venue et de son installation prochaine, les partisans de M. Sarthe, auxquels se mêlait la populace excitée par les ennemis de la religion, avaient, deux soirs de suite, envahi la place et s'étaient rués « sur les diligences d'Angoulême, avec des cris sinistres et des paroles de menaces ». Equivoquant sur le nom de leur futur curé, « Qu'on nous donne, disaient-ils, qu'on nous donne Descordes pour le pendre. »

Mais l'émotion populaire s'était calmée par l'attente (2); d'autre part, la crânerie du curé était

(1) Aujourd'hui curé de l'Isle-d'Espagnac.

(2) « Les Pères (Convers et Chartignier) se proposèrent, dès le commencement du mois (de Marie), d'obtenir différentes grâces par l'intercession de leur divine Mère, celle, en particulier, de l'éloignement des obstacles à la nomination du nouveau curé de la paroisse. Ils annoncèrent et firent, dans ce but, une neuvaine publique. Chose vraiment prodigieuse ! écrit le P. Convers, à la fin du mois de mai, M. l'abbé Descordes, que presque tous avaient tant redouté, devint agréable à la multitude. » Il fut désiré aussi par les membres de l'autorité locale, même par les plus opposants, lesquels trouvaient, il est vrai, les Pères infatigables. Après tout, disaient-ils, « il vaut mieux que nous ayons

bien propre à imposer aux meneurs ; aussi son entrée à Cognac fut-elle très paisible : on ne proféra pas contre lui à ce moment la moindre injure. Il est vrai que les libéraux devaient plus tard se dédommager en cachette et sournoisement.

Le P. Convers avait quitté Cognac quand M. Descordes y arriva ; son confrère le P. Chartignier y était seul resté. Comme le presbytère était en réparation, c'est chez Mlle Coutant, la nièce de l'ancien curé, que les missionnaires avaient pris gîte en dernier lieu ; et c'est là que M. Descordes s'établit aussi provisoirement. Il eût voulu garder quelques jours le P. Chartignier, afin d'être par lui mis au courant des affaires de la paroisse ; mais celui ci allégua l'ordre qu'il avait reçu d'aller rejoindre sans retard son supérieur, le P. Convers, à Bassac : il n'y avait rien de particulier, du reste, disait-il, à signaler au nouveau curé, sinon un mariage à bénir le jour même ou le lendemain, mais pour lequel tout était prêt. Sur ce, le P. Chartignier partit avec une précipitation que M. Descordes regretta. Ce n'était pas qu'il manquât d'auxiliaire, car déjà son vicaire, M. l'abbé Jean-Marie Dumas, qui venait d'être ordonné prêtre à Saint-Sulpice, était au poste depuis le jeudi précédent.

M. Descordes le connaissait : il l'avait vu professeur aux Thibaudières ; il appréciait ses brillantes qualités, mais le souvenir de M. Sarthe, qui avait si longtemps dominé M. Coutant (1), le

« M. Descordes : il n'est pas possible qu'il soit aussi « fanatique que ceux-ci ! » (*Le P. Convers*, page 143.)

Cela n'empêcha pas un peu plus tard un retour offensif de *l'esprit libéral.*

(1) M. Coutant n'était point cependant sans quelque défiance sur ce que son vicaire pourrait dire de lui aux fidèles, et, pour s'en rendre compte, il faisait placer à côté de la chaire fixe une petite chaire mobile, à peine moins élevée, d'où, muni d'un cornet acoustique

rendit injuste un moment envers M. Dumas, en lui faisant formuler sans aucun fondement une hypothèse désavantageuse à son caractère. « Je l'accepte volontiers, dit-il à M. Guitton ; mais, s'il intrigue et cherche à former un parti dans la paroisse, je vous avertirai et il faudra le changer : c'est, après tout, le droit des curés de choisir leurs vicaires... Si, le cas échéant, vous ne le changiez pas, je lui ôterais la clé de son confessionnal, et je l'empêcherais de dire la messe dans mon église. — Oseriez-vous bien faire cela ? — Parfaitement. »

M. Dumas n'obligea point M. Descordes à en venir à de telles extrémités : il remplit dignement son office de vicaire jusqu'à ce que la confiance de M. Guitton l'appelât, en 1841, à la direction du petit séminaire de Richemont, et il eut toujours pour son ancien curé respect et admiration ; car c'est lui qui a dit de l'éminent prédicateur : « Il n'a manqué à M. Descordes que la crosse et la mitre ! »

Le petit séminaire ! M. Descordes n'avait garde d'oublier qu'il s'était chargé d'en préparer l'installation sur les bords de l'Antenne en concluant l'achat du vieux château.

Le 18 août 1839, par devant Me Imbaud, notaire à la résidence de Cognac, instrumentant au lieu de Jarnouzeau, où demeurait le vendeur, paroisse de Saint-Laurent, M. Jean-Etienne Prouhet et dame Marie-Nancy Prévéraud, son épouse, vendirent à M. Léon-Joseph (1) Descordes, prêtre, chanoine honoraire de Poitiers et curé de Cognac, moyennant le prix de 10.000 fr., payables aux créanciers des vendeurs, aussitôt après la purge des hypo-

(il était très sourd), il surveillait la parole du prédicateur.

(1) M. Descordes a varié dans l'énumération de ses prénoms : dans son acte de prise de possession de la cure de Cognac, en date du 6 août 1839, il est appelé Louis-Marie-Joseph.

thèques « le château de Richemont avec ses circonstances et dépendances, composé de bâtiments de toute espèce, cours, jardins, terres labourables, vignes, prés, luzernes et sapières, le tout ne formant qu'un corps de forme irrégulière, d'une contenance superficielle de 5 hectares 25 ares 25 centiares », sans excepter le passage par la chaussée dite de Richemont et le droit de pêche dans les eaux de la rivière.

M. Descordes acheta aussi des mêmes vendeurs, pour le prix de 9.000 francs, les îles de l'Antenne, entre Richemont et Boussac, mais il les revendit immédiatement à M. Théodore Martell, pour 12,000 francs, en stipulant toutefois que le petit séminaire y aurait droit de pêche. Souvent, devant moi, le bon M. Duffourc a regretté et blâmé la vente de ces îles, où, disait-il, l'établissement eût trouvé tout le bois de chauffage nécessaire, sans parler de l'agrément qu'elles auraient procuré. Je me fis un jour l'interprète de ces regrets auprès de M. Descordes lui-même. « Eh? répondit-il avec une certaine humeur, c'est facile à dire que j'aurais mieux fait de garder les îles que de les revendre ; mais il fallait les payer, et je n'avais pas d'argent pour cela ; savez-vous la somme que j'avais en main quand j'ai acheté et fait aménager Richemont ! Quinze mille francs. Il n'y avait pas de quoi faire grand. M. Guitton m'envoya ensuite de temps en temps quelques petites sommes, mais je fus toujours gêné. Avant tout, il était nécessaire de pourvoir au logement des élèves et des maîtres : je n'avais guère le loisir de songer à l'agrément. Et puis, ajoutait-il, si on avait eu ces îles, on les eût saccagées promptement ; on eût détruit les bois en quelques années. »

Cette dernière raison ne me semblait pas concluante ; mais que répondre à la première ? Je me contentais de répéter tout bas le mot de Mme de Sévigné : « Rien ne ruine comme de n'avoir pas d'argent. »

M. Descordes s'occupa, avec son activité ordinaire, de commencer les travaux les plus indispensables ; il trouva même un peu de secours dans sa paroisse : on lui offrit quelques milliers de francs ; et, le 3 novembre 1839, Mgr Villecourt, évêque de La Rochelle, après avoir donné la confirmation à Cognac, le soir de la Toussaint, vint faire la bénédiction de la maison. Au premier supérieur, M. Tarrère (1839-1840), succéda M. Berchon (1840-41), qui était simultanément curé de Confolens. C'est probablement à cette époque que M. Descordes sollicita pour lui le camail de chanoine honoraire ; car cet homme, qui s'était fait une loi de ne jamais rien demander pour lui-même (1), ne craignait pas de demander pour ses amis. L'anecdote a été souvent contée, mais on serait étonné, malgré cela, de ne pas la retrouver ici, où l'on en trouve tant d'autres. Mgr Guigou avait donné audience à M. Descordes sans interrompre sa partie de trictrac (ce jeu était l'innocente distraction qui l'aidait à oublier pendant quelques instants ses pénibles souffrances). Quand le curé de Cognac eut présenté sa pétition, Mgr Guigou lui répondit en souriant : « Mon cher ami, ce n'est pas l'usage dans mon pays de cueillir les nèfles avant qu'elles soient mûres. » Un autre eût répondu peut-être que cet usage, inconnu à la Provence, était précisément l'usage de l'Angoumois, où la maturation des nèfles s'achève au fruitier ; ou encore, qu'il n'était pas question de nèfles ; il trouva bien mieux : « Monseigneur, dit-il, je me permettrai de faire remarquer à Votre Grandeur que je ne vous demande pas la nèfle ; je n'en demande que la peau. » Continuant par cette

(1) « J'avais absolument défendu aux miens de rien solliciter, et je n'ai moi-même jamais demandé ni poste ni dignité : je n'ai fait que donner ma démission ! »

réponse la métaphore un peu familière de Mgr Guigou, il rappelait finement la différence entre un canonicat effectif, qui, dans ce temps-là, représentait et même représente encore quelque réalité, et un canonicat honoraire, qu'on appelle justement *titulus sine re, canonicatus in aere.* Cette saillie ne déplut pas au bon évêque, qui avait beaucoup d'esprit, et M. Berchon fut nommé chanoine honoraire peu après, le 7 mars 1841.

En même temps qu'il fondait le petit séminaire de Richemont, M. Descordes combattait sans trêve, dans la chaire, dans les catéchismes, dans les conversations privées, l'incrédulité voltairienne, la molle insouciance, le désordre moral de sa paroisse. Le passage des PP. Convers et Chartignier avait déjà opéré un grand bien : le nouveau curé développa l'œuvre heureusement commencée. Son éloquence, très goûtée, attirait de nombreux auditeurs à l'église, et, si tous ne se rendaient pas à sa logique pressante, plusieurs se sentaient éclairés, remués, attirés à changer de vie. Cette population cognaçaise, qui d'abord ne voulait pas de lui, était devenue fière de le posséder, et il commençait à entrevoir l'accomplissement de la parole qu'il avait dite au moment où on le repoussait : « J'irai à Cognac et je les obligerai à me regretter. » Ce n'est pas que l'opposition eût cessé sur toute la ligne : ses ennemis employaient des gens sans aveu pour lui susciter des avanies ; on alla jusqu'à infecter sa maison en jetant de l'assa fœtida dans la petite cour de son presbytère (1).

(1) Un des libéraux les plus acharnés, apothicaire de son métier, fournissait généreusement cette drogue ; les maisons de plusieurs catholiques, soupçonnés non sans raison d'être les amis du curé, en furent aussi infectées ; citons, entre autres, celles de M. Guillard, avocat, et de M. Léon O'Tard, président de la fabrique. L'apothicaire revint plus tard à Dieu et mourut en

Les fonctionnaires n'avaient pas pour lui une bienveillance excessive, notamment le sous-préfet, M. Dupuy, fils d'un administrateur du département pendant la Révolution, et calviniste. La caque sent toujours le hareng et bon chien chasse de race. On suppose bien que M. Descordes n'était pas d'humeur à se laisser opprimer : il sut parler au sous-préfet avec assez d'énergie pour l'empêcher d'oublier que le représentant de l'autorité centrale était, non seulement obligé, mais encore intéressé à maintenir l'ordre et à protéger les droits de tous, même des ministres du culte catholique.

Depuis la révolution de 1830, M. Coutant avait renoncé aux processions. L'auteur de la *Vie* du P. Convers nous dit que ce pieux missionnaire fit, en 1839, celle du Saint Sacrement, mais sans préciser si ce fut au dedans ou au dehors de l'église (1). Quoi qu'il en soit, M. Descordes, dès 1840, voulut user d'une liberté incontestable, même au point de vue légal, puisque Cognac, tout en renfermant un certain nombre de huguenots, n'était point le chef-lieu d'un consistoire, et il annonça en chaire, à la grande joie de la population, que la procession sortirait suivant l'ancien usage. Il invita son ami, le vicaire général, M. Guitton, à venir la présider et celui-ci accepta. Sur ces entrefaites, le maire, M. Abel Planat, par un acte arbitraire, lui fit défendre d'exécuter son dessein ; mais, fort de son droit et de la sympathie populaire pour nos

bon chrétien. *(Notes de M. Paul Mercier, ancien magistrat.)*

(1) « Les fêtes du Saint Sacrement suivirent de très près les saints exercices du mois de Marie.

« Le P. Convers, qui aimait et réussissait si bien à donner un vif éclat à ces grandes solennités, déploya, *principalement aux processions,* toute la pompe possible. » (*Le Père Convers*, page 149-150.)

belles cérémonies. M. Descordes résolut de passer outre. M. Guitton ayant, à son arrivée, appris l'opposition du magistrat municipal, fit quelques objections : « Oh ! dit le curé, avez-vous peur, monsieur le vicaire général ? Eh bien, si vous avez peur, restez ; je ferai la procession sans vous. » M. Guitton ne pouvait pas reculer : la procession sortit et il sortit avec elle. L'itinéraire comprenait la rue de l'Ile-d'Or, où habitait M. Planat ; quand on passa devant sa maison, le chœur des chanteuses entonna le beau cantique à Marie : *Triomphez, reine des cieux* (1). Il résulta de l'affaire un procès devant le conseil d'Etat : le curé le gagna et les processions depuis se firent sans obstacle jusqu'à ce que, grâce à la tyrannie de la troisième République, M. Oscar Planat prît la revanche de son père Abel.

M. Descordes s'occupa de nettoyer, d'embellir son église : l'autel de la sainte Vierge fut restauré et reçut une charmante statue qu'on y voit encore (2). Cette statue fut un jour couronnée d'un énorme diadème de fleurs artificielles par une personne qui avait plus de dévotion que de goût. Quand M. Descordes s'en aperçut, il prit un long bâton et jeta bas cet ornement déplacé (3). Il ne ménageait pas plus ses paroissiens, quand il les croyait en faute, qu'il ne ménageait les puissances du siècle.

Ayant été prié à un grand dîner, il se rendit chez l'amphitryon à l'heure fixée et ne fut pas peu surpris d'y trouver des dames, tant vieilles que jeunes, décolletées à faire horreur. On passe à la salle à manger et tout le monde s'empresse de s'asseoir (on n'a pas, en effet, dans ces milieux-là la préoccupation du *Benedicite*). Le curé

(1) *Notes de M. Paul Mercier.*
(2) *Ibid.*
(3) *Ibid.*

reste seul debout, fait un salut collectif à l'assemblée, et, d'une voix stridente qui domina le caquet des invitées, le bruit des chaises et le froufrou des robes : « Quand ces dames seront habillées, dit-il, je reviendrai me mettre à table. » Et il s'en alla, quelque instance que lui fissent les maîtres de la maison. Je n'ai pas à dire si cette leçon blessa les belles Cognaçaises... et les laides aussi.

En me contant différents traits de son ministère à Cognac, M. Descordes ajoutait : « Qu'avais-je besoin de garder tant de ménagements ? Je n'étais pas là à poste fixe, mais en passant. Je me proposais de déblayer le terrain et de rendre la position plus facile à mon successeur. C'était ma force. » Il resta, en effet, tant qu'il eut à lutter (1) ; quand il vit que la majorité de la population l'acceptait avec plaisir et que la minorité le subissait avec résignation, il jugea le moment venu de rappeler à son évêque ses goûts de missionnaire. Il obtint pour son successeur M. Léon Berchon, et, le 1er novembre 1841, M. Guitton installa solennellement le nouveau curé de Cognac, en présence de l'ancien, qui avait voulu assister à la cérémonie.

(1) « Je m'en vais, disait-il à une personne amie en lui faisant ses adieux, parce que j'ai dit aux Cognaçais tout ce que je sais et qu'ils en savent maintenant autant que moi. » (*Notes de M. Paul Mercier.*)

CHAPITRE VI.

M. DESCORDES PRÉDICATEUR.

N'ayant plus le souci d'une paroisse, M. Descordes résolut de s'appliquer tout entier à la prédication et, pour augmenter à loisir ses richesses oratoires, il vint habiter le grand séminaire, dont le supérieur et les directeurs avaient pour lui estime et amitié. Là, il se remit à l'étude de l'Ecriture sainte, de la théologie et de quelques Pères de l'Eglise : il corrigea ses anciens sermons et en écrivit de nouveaux. Il avait malheureusement l'habitude de travailler surtout dans la soirée et dans la nuit. Il manifestait malgré cela l'intention de se lever matin, et il avait obtenu d'un élève de théologie, destiné à devenir bientôt professeur de philosophie, M. D**, qu'il le réveillât chaque jour à cinq heures : ce qui avait lieu. Le dormeur se réveillait... mais ne se levait pas ; il badinait un peu son matinal visiteur, et, lui montrant parfois sur ses épaules un vieux camail de chanoine, il lui disait : « C'est une relique ; il appartenait à mon prédécesseur à Montbron, un confesseur de la foi, le vénérable M. Basset des Rivailles. » Le complaisant excitateur n'avait plus qu'à se rendre à l'oraison : tout ce qu'il avait gagné, comme il le disait lui-même, à cet acte charitable, c'était de rompre le grand silence.

Une fois qu'il avait pris le repos nécessaire, M. Descordes s'habillait et faisait ses prières ; puis, à neuf heures il s'installait chez le supérieur, dans un grand fauteuil jaune, à côté de la cheminée et prenait la *Quotidienne*. « Il lit tout, disait M. Valette, tout, jusqu'au nom du gérant ! » A dix heures ou dix heures et demie, il s'acheminait vers l'église Saint-Martial, et le sacristain Gendron lui servait la messe.

Un moment vint cependant où il se lassa de ce genre de vie et où il songea à se procurer un chez soi ; outre que c'était son désir personnel, c'était aussi celui de sa mère et d'une de ses sœurs, qui étaient restées à Poitiers depuis la mort de M. Jean-Baptiste Descordes. Une maison de la rue Fénelon, précédemment occupée par M. Devige, maître de pension, s'étant trouvée à vendre, il l'acheta : elle lui convenait de tout point, surtout à cause du jardin attenant (1). Il fit faire à cette maison les aménagements qu'il jugea utiles et s'y établit pour ne plus la quitter qu'à sa mort. Ç'avait été son rêve d'en faire le siège d'une compagnie de missionnaires diocésains ; mais les ressources lui manquèrent pour exécuter cet utile dessein.

Nommé chanoine de la cathédrale le 21 février 1845 par Mgr Régnier, doyen du chapitre le 1er avril

(1) Il ne tarda pas cependant à constater qu'elle avait un défaut : elle était remplie de puces. Les précautions ordinaires en pareille circonstance étant demeurées inefficaces, il s'avisa d'un remède vraiment génial : ce fut de faire visiter ladite maison de la cave au grenier par toutes les dames de sa connaissance. « Chacune d'elles en partant, disait-il, me débarrassait d'une légion de ces désagréables insectes. Bientôt il n'en resta plus. »

1883, par Mgr Sebaux, il occupa sa stalle pendant près de cinquante ans.

Sa vie devait être dès lors d'une grande uniformité. Pendant dix ou douze ans, ses prédications en rompirent un peu la monotonie, mais, à partir de 1860 environ, elles devinrent rares, et M. Descordes ne fut plus que chanoine.

Je regrette de n'avoir que peu de détails sur sa carrière apostolique; voici ce que j'en ai appris de sa bouche et de celle de ses amis.

C'est par La Rochelle qu'il inaugura ses stations : il y prêcha le carême en 1836.

En 1837, il prêcha le carême à Orléans. Il plut si fort à l'évêque, Mgr Brumauld de Beauregard (1),

(1) Jean Brumauld de Beauregard, d'une famille originaire de Verteuil, était le huitième fils de Jean-Charles Brumauld de Beauregard, conseiller au présidial, puis subdélégué général de l'intendance de Poitiers. Il était né dans cette ville le 1er novembre 1749. Successivement chanoine de Notre-Dame la Grande, ensuite de la cathédrale de Luçon, enfin de Saint-Hilaire le Grand, il refusa, lors de la Révolution, le serment schismatique et subit avec un noble courage les horreurs de la déportation à la Guyane. Il a laissé un éloquent et touchant récit de ce que le Directoire y fit souffrir à lui et à ses compagnons. Curé de la cathédrale de Poitiers après le Concordat, il fut sacré évêque d'Orléans le 1er mai 1823, démissionna en 1839, et se retira dans sa ville natale, où il mourut le 26 novembre 1841, à 92 ans. Mgr Cousseau, alors supérieur du grand séminaire de Poitiers, prononça son oraison funèbre. Parlant des prédications du curé de la cathédrale, il s'exprime ainsi : « Cet (*) homme, dont l'esprit élevé et la parole gracieuse faisaient dans un cercle le charme des plus délicats, savait se faire pour le peuple un style particu-

(*) *Œuvres historiques et archéologiques de Mgr Cousseau*, tome premier, page 151.

que ce prélat, très âgé alors, exprima devant lui la pensée de le demander pour coadjuteur. « J'aurais bien, disait-il, ici même dans mon entourage,

lier, pour mettre à la portée des plus simples les plus hautes vérités... Que l'orgueil s'en étonne, que le faux zèle s'en scandalise; la charité, qui est nourrice, que dis-je, qui est mère, ne rougit point de s'abaisser jusqu'aux plus petits pour les élever à Dieu; elle ne craint pas, pour mieux se faire entendre, de changer sa voix et de bégayer, s'il le faut, avec ses chers enfants. »

Je me souviens d'avoir entendu Mgr Cousseau nous donner à Richemont un spécimen de ce langage familier, qu'il crut devoir justifier dans l'oraison funèbre de l'ancien évêque d'Orléans. « Un jour, nous disait-il, M. de Beauregard traitait devant ses paroissiens de la vaine gloire; il leur en expliquait les dangers, en développant à sa manière le passage de saint Grégoire le Grand que nous lisons à l'office des saintes Femmes : *In præsenti vita, quasi in via sumus, qua ad patriam pergimus. Maligni autem spiritus iter nostrum quasi quidam latrunculi obsident. Deprædari ergo desiderat, qui thesaurum publice portat in via.* Puis il ajoutait : « Il n'y a pas longtemps, mes frères, je fus « demandé pour aller visiter un malade qui demeurait « à la campagne, du côté de Montbernage, et, quand « j'eus dépassé les maisons, j'aperçus, au-dessus d'un « joli petit buisson d'aubépine, un joli petit oiseau qui « pénétrait dans le buisson, en ressortait en gazouillant, « voletait un instant et y rentrait encore pour en res- « sortir l'instant d'après. Je m'approchai et, en écar- « tant un peu les épines, j'aperçus un joli petit nid au « fond duquel étaient trois petits, attendant la becquée « que leur mère portait tour à tour à chacun d'eux. A mon « retour je voulus revoir le nid : hélas! il était vide, « ou ne contenait plus que des débris de duvet; l'oi- « seau voltigeait comme désespéré, et une grosse vi- « laine couleuvre se glissait en rampant dans l'herbe : « elle avait dévoré les petits. Ce spectacle m'attrista. « Eh quoi! me disais-je, la joie de ce pauvre oiseau, si « fier naguère de sa nitée, ses gazouillements et ses « cris, ses allées et ses venues n'ont-ils point contribué

un homme capable de gouverner un diocèse : c'est M. Richard, le secrétaire général ; il est intelligent, instruit, rompu aux affaires, plein de vertu et de piété ; mais il est né dans la poussière. » Le saint évêque avait, on le voit, quelques préjugés du temps de sa jeunesse, et il lui semblait que, pour être évêque, il fallait indispensablement avoir de la naissance. Aux premières ouvertures du prélat, M. Descordes, qui avait vu tout d'abord qu'elles n'étaient point sérieuses, n'avait dit ni oui ni non et s'était contenté de sourire ; mais, quand Mgr de Beauregard revint sur sa quasi-promesse pour la rétracter, il feignit d'être fâché : « Ah ! Monseigneur, s'écria-t-il, est ce ainsi que devait agir Votre Grandeur, et n'eût-il pas mieux valu ne me parler de rien ? Vous me faites venir l'eau à la bouche, et, quand je m'attends à saisir le morceau, vous me le retirez ! » (1)

« à en trahir la présence et à y guider l'odieuse cou-
« leuvre ? Et, comme je rentrais en ville, absorbé dans
« ces pensées, j'entendis le chant d'une poule qui venait
« de pondre : *Cotcodé ! cotcodé ! cotcotcotcotcodé !*
« Ah ! pauvre poule, me dis-je, tu triomphes à la vue
« du bel œuf que tu as pondu et que tu espères cou-
« ver : et tu ne songes pas que la ménagère, avertie
« par ton chant, va venir t'enlever ce trésor ! Et c'est
« ainsi, mes frères, que quand nous nous complaisons
« dans nos bonnes œuvres, quand nous concevons à
« leur occasion une estime déréglée de nous-mêmes,
« quand nous les vantons, le diable vient et il nous
« en enlève le fruit ! ».

Un vicaire général qui avait assisté au prône, tout en félicitant, après la messe, le bon M. de Beauregard, ne put s'empêcher de lui dire en souriant : « Vraiment, monsieur le curé, il n'y a que vous qui soyez capable de faire chanter les poules en chaire ! »

(1) Nous trouvons un écho de la prédication de M. Descordes à Orléans dans l'extrait qui suit de l'*Orléanais*, numéro du mercredi 2 mars 1837 :

« L'association des demoiselles qui, sous l'invoca-

En 1838, ce fut la paroisse de Montbron, où il n'était arrivé que depuis le mois de janvier, qui profita de sa parole pendant la sainte quarantaine.

Nous avons déjà vu dans la lettre de Mgr Guigou, citée plus haut, qu'en 1839 il prêcha le carême à Limoges.

Il était curé de Cognac en 1840 et 1841.

Je ne sais où il prêcha en 1842 et 1843.

En 1844, il fut redemandé à Limoges : l'évêque le combla d'amitiés et, le 1er mars 1844, six jours avant sa mort, le nomma chanoine honoraire de sa cathédrale et son vicaire général honoraire.

Il me semble probable que c'est en 1845 qu'il prêcha le carême à Saint-Pierre d'Angoulême ; ce qui me porte à le croire, c'est ce passage d'une lettre que M. l'abbé Lacroix, archiprêtre de Ruffec, m'a fait l'honneur de m'écrire :

« J'ai entendu M. Descordes à la cathédrale d'Angoulême quand j'étais au grand séminaire, de 1843 à 1845, époque où lui-même habitait le séminaire. Je me souviens en particulier de son beau sermon sur la passion de N.-S., sermon de deux heures, dont j'avais été ravi. Comme je lui en exprimais mon admiration le lendemain matin,

tion de la Providence, ravit à la misère et aux dangers de toutes sortes qui les menacent les jeunes filles de la classe indigente, s'est réunie hier à Saint-Pierre ès liens (Saint-Pierre du Martroi). Un grand concours de fidèles est venu témoigner par sa présence l'intérêt qu'il prend à une œuvre si véritablement chrétienne. M. Descordes, dont on a déjà si souvent admiré l'éloquence dans la station du carême qu'il prêche à la cathédrale, a déployé, dans le sermon sur la charité qu'il a prononcé dans cette circonstance, cette profondeur de pensée, cette éloquence et cette pureté d'élocution qui lui sont familières. Le plus bel éloge que nous puissions faire de son discours, c'est de dire que la quête qui l'a suivi a surpassé celles de presque toutes les années précédentes. »

avant son lever, il éclata de rire et me dit : « Vous n'êtes pas le premier à me féliciter; j'ai déjà reçu un compliment autrement tourné que le vôtre. Le vieux Colin (c'était le marchand d'œufs du grand séminaire, où il prenait gîte dans ses voyages), le vieux Colin vous a devancé en me criant à tue-tête, comme un sourd qu'il est : « Ah ! monsieur Descordes, vous devez avoir les bras bien fatigués ! » Ses oreilles endurcies n'avaient rien entendu, mais ses yeux avaient *vu l'orateur*. »

Une lettre de M. Descordes lui-même, datée de Bram (canton de Fanjeaux, Aude), le 28 février 1856, nous apprend que cette année-là il prêchait le carême à Limoux. « Ce n'est pas de Limoux, vous le voyez, que je réponds deux mots à votre lettre : je suis venu passer la mi carême chez mon vieil ami, qui m'a attiré dans ce triste cloaque de Limoux. Lorsque je vous reverrai (ce qui sera, j'espère, avant la fin de mars), je vous parlerai de ce charmant séjour, où les produits du parfumeur ne sont pas affaire de luxe et de délicatesse. Je ne suis pas muscadin, tant s'en faut ; mais j'en ai par dessus les oreilles. »

Les documents me font défaut pour assigner les dates des prédications suivantes : un carême à Saint-Laurent et un carême à Saint-Jacques-du-Haut-Pas, à Paris ; — un carême au Havre ; — un carême à Rouen ; — un carême à Rochefort ; — un carême à Lorient ; — un carême à Marseille ; — un carême à Saint-Louis de Bordeaux ; — un avent à la cathédrale de Poitiers — et un autre à la cathédrale d'Angoulême.

M. l'abbé Lacroix m'écrit que M. Descordes dut prêcher à Luçon et peut-être même à Bayonne ; M. Bénard, ancien président du tribunal civil, croit qu'il parut aussi dans la chaire de la cathédrale de Rennes.

Je suis embarrassé pour caractériser cette magnifique éloquence dont on m'a vanté souvent les merveilleux effets, mais dont je n'ai pas eu le bonheur de jouir, si ce n'est une fois, le jour de l'Epiphanie, le dimanche 6 janvier 1884. Je fus ravi, j'en conviens. « A quatre-vingt-trois ans, le vénérable chanoine avait su retrouver des accents dont Lacordaire, à cinquante-cinq ans, ne s'estimait plus capable. *Ma voix étiolée,* disait l'illustre dominicain, *ne sait plus ébranler les voûtes des cathédrales ;* et M. Descordes, octogénaire, nous montra qu'il pouvait encore, lui, parler le langage de la haute éloquence et faire passer dans son auditoire le frisson qui naît sous le souffle d'une grande âme. » (1) Je me rappelle la vive satisfaction de Mgr Sebaux, juge pourtant sévère en matière de prédication ; après avoir remercié l'orateur d'être remonté, à sa prière, dans la chaire de la cathédrale, où il ne paraissait plus depuis si longtemps (2), il lui adressa de gracieux compliments, auxquels s'associa du fond du cœur l'assistance entière.

Toutes les personnes que j'ai consultées sur M. Descordes orateur s'accordent à louer la beauté de son action. Il avait en chaire une pose assurée et pleine d'aisance ; son geste, abondant sans excès, était d'une puissance étonnante, surtout quand, dans certains cas, il unissait la familiarité à la majesté. Un jour où il citait le texte « Montagnes, tombez sur nous, collines, écrasez-nous », il se courba

(1) *Semaine religieuse,* numéro du 13 janvier 1884, tome XX, page 1159.

(2) Il y était remonté quelque temps auparavant pour prêcher le sermon des *Quarante heures ;* mais il avait défendu au curé de la cathédrale d'avertir personne, pas même Monseigneur, qui en marqua son chagrin à M. Davant ; ce fut pour faire plaisir au saint évêque que M. Descordes consentit alors à prêcher le jour de l'Epiphanie ; mais, dans cette circonstance encore, il ne voulut pas que la *Semaine* annonçât le sermon.

de telle façon que l'auditoire se courba avec lui comme un champ d'épis murs s'incline sous le souffle du vent. Plus d'une fois, dit-on, des sourds, incapables d'entendre sa parole (le trait cité plus haut au sujet du vieux Colin en est un exemple), le comprirent rien qu'à le voir : ils restaient comme en extase devant la chaire.

Son visage, au début, grave et recueilli, s'enflammait, dans la suite du discours, de toute l'ardeur de ses convictions. Sa voix perçante s'élevait par degrés, avec des nuances sans nombre, jusqu'aux notes aiguës et éclatait en coups de tonnerre sur l'auditoire remué et épouvanté.

Dans la diction, rien de banal, de trivial ou de négligé. La phrase était souvent périodique, et le style d'une grande richesse et d'une grande magnificence. Dans les brillants tableaux qu'il excellait à tracer ou dans les exposés de doctrine, sa pensée planait sur les sommets jusqu'à être parfois un peu trop métaphysique. Mais, dans l'argumentation, il redescendait pour prendre corps à corps ses adversaires, auxquels sa rigoureuse logique, inflexible et pressante, ne laissait aucune ressource, aucune excuse, aucune échappatoire. A cela joignez la véhémence d'un combattant pénétré de la justice de sa cause et pleinement assuré de la victoire. Il n'appartenait pas à la catégorie des orateurs insinuants, qui dérobent leur marche sous les feintes de la rhétorique ; c'est de haute lutte qu'il forçait et emportait l'une après l'autre les défenses de l'ennemi.

Ses discours étaient écrits et appris mot à mot : c'était pour lui un travail très pénible ; il y passait beaucoup de temps et y appliquait toutes les forces de son esprit et de sa volonté ; il n'était pas rare qu'à cette contention fatigante se joignît une certaine exaltation nerveuse semblable à celle du poète inspiré. Par ces vigoureux efforts, il devenait tellement maître de sa composition qu'elle semblait être improvisée. Le débit n'y avait rien perdu de sa spontanéité ni de son naturel.

La méthode suivie par M. Descordes n'était pas sans inconvénients : si la mémoire venait à faiblir en un seul endroit, c'en était fait de toute sa prédication. « Je trouve dans la magnificence même de son style, écrit M. l'abbé Lacroix, archiprêtre de Ruffec, l'explication de certains accidents qui lui arrivèrent, surtout quand il commença de vieillir. D'autres prédicateurs, à qui manque parfois l'expression ou même la pensée de leur manuscrit, se tirent d'affaire en improvisant jusqu'à ce qu'ils se soient ressaisis ; mais M. Descordes aimait mieux abandonner la chaire que de descendre des sublimités de son langage à une diction vulgaire, qui lui eût paru trop indigne de lui-même et trop disparate. avec le reste du discours. »

Le souvenir d'un de ces accidents est encore vivant pour un grand nombre d'Angoumoisins. C'était, je crois, le jour de la Pentecôte, le 4 juin 1854 : pour déférer au désir de Mgr Cousseau, M. Descordes, quoiqu'il se sentît fatigué par la chaleur et par l'électricité dont l'atmosphère était chargée, monta en chaire et prononça un magnifique exorde. Là, il s'arrêta et déclara qu'il ne pouvait pas continuer. Mgr Cousseau le complimenta sur les belles choses qu'il venait de dire, l'engagea à se reposer, l'encouragea de toutes manières, mais sans succès ; il ne put rien obtenir, sinon que le prédicateur indiquât en quelques mots le plan qu'il s'était proposé de développer. A peine le salut du Saint Sacrement était-il commencé qu'un orage affreux éclata sur Angoulême, et une pluie torrentielle se mit à tomber, inondant la cathédrale. Les fidèles montèrent sur les chaises et sur les bancs pour échapper aux flots envahisseurs et se réfugièrent dans la partie orientale, plus élevée que la nef. Ils sortirent, quand la pluie eut cessé, par la porte de l'ancienne sacristie qui ouvre sur la rue Corneille. La coïncidence du manque de mémoire du prédicateur et de l'inondation donna lieu aux fades plaisanteries des calembouristes,

Malgré ces accidents, la réputation de M. Descordes ne diminuait point et l'annonce d'un de ses sermons faisait courir tout Angoulême ; mais le travail excessif que lui coûtaient ses triomphes oratoires, travail qui devenait plus pénible à mesure qu'augmentaient les années, finit par l'effrayer : il renonça dès lors aux grandes chaires et ne prêcha plus qu'en de rares occasions, à l'hospice, à Chavagnes, dans la chapelle du cercle catholique, et aussi dans quelques paroisses. C'est ainsi, par exemple, que, en 1873, ayant installé M. l'abbé Alexis Lacroix comme archiprêtre de Confolens, il acheva la station quadragésimale ; et qu'il prêcha, un peu avant cette époque, la retraite de première communion à La Rochefoucauld, etc. (1).

Terminons ce chapitre par un mot qui peint bien l'esprit surnaturel de M. Descordes. Je le visitais, le 21 décembre 1890, quand survint M. l'abbé U. M***, jeune prêtre employé alors à

(1) Il faut signaler aussi le discours que M. Descordes prononça le 29 mars 1864, en bénissant, dans l'église Saint-Pierre, le mariage de l'ancienne domestique de sa mère et de sa sœur (elle était restée vingt ans au service de ces dames), la bonne Céline D***, avec André M*** : il y parla d'une façon simple, mais très touchante, si bien qu'on vit tirer les mouchoirs. Il voulut, en outre, pourvoir aux frais du dîner de noces et bénir la table où les mariés réunissaient leurs amis. Ses obligés n'ont point été ingrats : ils ont sa mémoire en vénération, et André me disait de lui, il n'y a pas longtemps encore : « Monsieur, M. Descordes, *c'était un brave homme !* » ce qui, dans la bouche de mon interlocuteur, était le comble de l'éloge.

l'évêché. Le bon chanoine le taquina sur ce qu'il ne se livrait pas un peu à la prédication; puis, semblant s'absorber dans une pensée profonde : « Ah ! dit-il, ce n'est pas le talent, ce n'est pas le travail qui peuvent suffire à cette œuvre difficile. C'est la prière qui doit être la grande affaire du prédicateur. Je le disais dernièrement à l'abbé M*** M** : « Vous allez à Rouen, mon cher frère. Les Normands sont des gens peu enthousiastes : ils vous écouteront et vous jugeront froidement. Si la grâce de Dieu ne réchauffe pas ces cœurs, vous ne réussirez à rien : vous aurez donné un coup d'épée dans la Seine. Oui, il faut prier et prier beaucoup. »

CHAPITRE VII.

M. DESCORDES CHANOINE.

Devenu chanoine, M. Descordes remplit avec zèle et fidélité sa nouvelle charge. En dehors des périodes consacrées à ses prédications et des vacances régulières accordées aux membres des chapitres par le concile de Trente, il se montrait assidu au chœur, accompagnant à la *sixte* le chant de l'office divin exécuté par les *voces taurinæ* des Colin, des Laporte ou des Gauharou. Il était pénétré, du reste, on vient de le voir, de l'importance de la prière et surtout de la prière publique; aussi on aurait eu bien tort de se scandaliser d'un sourire ou d'une parole que provoquaient parfois chez lui la gaucherie d'un enfant de chœur ou le *lapsus* d'un collègue. On lui adressa pourtant, une fois, à cet égard une réprimande à bout portant dont il ne se fâcha point, bien au contraire; il en remercia l'auteur et l'en aima davantage. Voici le fait, je le tiens de sa bouche. Un ancien professeur du petit séminaire de La Rochefoucauld, M. Jean-Baptiste Barraud, doué de facultés brillantes, mais dont la raison avait fléchi, assistait souvent à l'office canonial dans un costume négligé. Il s'établissait auprès de la table de communion, et, muni de ses livres de chœur, il unissait sa voix à celle des chanoines. Un jour donc que M. Barraud s'était rendu à la cathédrale sans habit ni veste, avec un gilet de tricot d'une couleur voyante, M. Descordes, qui le connaissait beaucoup, s'arrêta devant lui un instant en se rendant à sa place, et, l'interpellant amicalement : « Vraiment, monsieur Barraud, à quoi pensez-vous de venir à l'église dans un pareil accoutrement ? Savez-vous que ce n'est guère convenable ? — Oh ! oh ! monsieur le chanoine, répliqua le bonhomme en se levant avec vivacité, à quoi pensez-vous vous-même de rire à l'église et de dire je ne sais quoi à vos voisins pendant l'office ? Savez-vous que vous faites là une chose bien moins convenable encore que celle que je fais en entrant ici avec mon gilet de tricot ? » — « Je ne répliquai pas, disait M. Descordes, et je fis mon profit de cette bonne leçon. » Qui sait accepter ainsi une réprimande, mérite grande indulgence pour les peccadilles qui la lui ont attirée.

Dans les cérémonies, M. Descordes officiait avec dignité ; il était l'ennemi déclaré des manières vulgaires et débraillées, et, sans parler aussi souvent du bon ton que son vicaire de Cognac, M. l'abbé Jean-Marie Dumas, il ne l'entendait pas moins bien en toute circonstance, mais surtout dans le culte de Dieu. Il célébrait la sainte messe avec une foi et une piété sincères, quoique parfois, dans sa jeunesse, on eût pu lui reprocher un peu de rapidité.

A l'assistance au chœur et à la prédication, M. Descordes joignit le ministère de la direction. Il fut longtemps le confesseur attitré de plusieurs pensionnats de jeunes filles, notamment du pensionnat Saint-Romain, et aussi de nombreux fidèles, jusqu'à ce qu'une surdité relativement prématurée l'obligeât à y renoncer. Il n'était, au saint tribunal, ni rigoriste ni laxiste; indulgent pour la faiblesse, on dit qu'il ne ménageait pas l'hypocrisie ou la lâcheté. Il savait que la vie chrétienne exige la lutte et l'effort et que l'homme, pour conquérir le royaume des cieux, doit remporter d'abord la victoire sur lui-même.

Grâce à d'obligeantes communications d'une de ses pénitentes, j'indiquerai avec certains détails le caractère de sa direction et citerai d'intéressants passages de ses lettres spirituelles : ce sera un dédommagement de l'absence de toute citation de ses sermons, dont je n'ai pu me procurer un seul, soit qu'il les ait brûlés, soit pour un autre motif.

Lorsque cette pieuse personne lui demanda de vouloir bien prendre la conduite de son âme, il lui répondit : « J'y consens, mais avant tout je dois vous avertir que, si vous persévérez dans votre dessein, je vous ferai passer par l'eau et par le feu. » Il lui marquait ainsi qu'il déclarerait à sa volonté propre une guerre acharnée et sans trêve pour l'amener à n'avoir d'autre volonté que celle de Dieu : ce qui est, en effet, le comble de la perfection. Pleine de courage et de saints désirs, la généreuse fille accepta et l'épreuve ne tarda pas à commencer.

Elle aspirait à entrer en religion, mais, d'une part, la faiblesse de sa santé, et, d'autre part, la tendresse jalouse de ses parents la retenaient dans le monde, et elle se désolait. Entendez le langage que lui tient M. Descordes :

« Ma bonne fille, S. Vincent de Paul avait pour maxime qu'il ne faut pas enjamber sur la Providence. Vous comprenez le sens et la valeur de ces expressions; il faut les goûter aussi, c'est-à-dire apporter beaucoup de calme dans l'examen de ce qui se rattache à notre avenir. Défions-nous de nos impressions naturelles, dont l'influence peut se faire sentir même dans les choses les plus surnaturelles. Nous nous portons toujours avec nous, et il est rare qu'il n'y ait point un peu d'empressement et de *moi* humain dans les meilleures intentions.

« Je ne prétends pas donner à la pensée de S. Vincent un sens qu'elle n'aurait point. Il est évident que ce calme et cette patience n'excluent ni la détermination ni la fermeté du caractère; il faut seulement les appliquer à bon escient...

« Remarquez d'abord que votre santé n'est réellement pas ce qu'on pourrait désirer, et que, en vous préoccupant outre mesure, vous ne l'améliorerez pas. Que faire!... Attendre quelque temps, mais sans trouble, sans préoccupation. Vous n'êtes pas responsable devant Dieu de l'opposition paternelle. Un jour ou l'autre les difficultés peuvent s'aplanir : il y a tant d'imprévu dans le cours de notre vie! En attendant, profitez de toutes les circonstances pour ramener amiablement la conversation sur ce sujet; prouvez par votre modération que vous n'agissez pas par les motifs qu'on suppose. Préparez-vous par ce noviciat de famille aux épreuves du noviciat religieux. Notre-Seigneur éprouvait très fortement le désir de son baptême de sang; mais, malgré la pression extrême de ce désir sur son cœur, il n'a pas avancé l'heure d'une minute.

« Réellement, vous avez de la marge. Formez-vous; dégagez-vous de plus en plus; rendez de plus en plus intime votre union avec Notre-Seigneur. Je comprends les ennuis de votre situation; mais, croyez-le bien, il y en a de plus rudes encore. Faites tourner tout à votre avantage en possédant votre âme par la patience, selon les conseils du Sauveur aux Apôtres. Profitez de ce que vous trouverez auprès de vous; sachez vous passer et vous priver du reste; mais, surtout, soyez forte vis-à-vis de vous-même. »

A quelque temps de là, les difficultés qui suspendaient le départ de la jeune fille pour le couvent s'aplanirent et elle commença son postulat; mais hélas! sa santé empira tellement qu'elle se vit bientôt incapable de le continuer; on lui fit comprendre qu'il fallait rentrer dans sa famille.

Qui dira sa désolation et ses larmes ? Voici comment son sage directeur essaya de la consoler :

« Lorsque vous avez demandé à postuler, ma chère demoiselle, et que vous avez insisté pour obtenir votre admission, que vous proposiez-vous ? Allons droit au fond des choses. Vous prétendiez faire uniquement la volonté de Dieu. Suivre ce que l'on croit être sa vocation, ce n'est pas autre chose que l'accomplissement de la volonté de Dieu. Dans le monde comme en religion, nous ne devons, en effet, nous proposer que ce seul but. Nous ne sommes en réalité que pour cela : penser, agir différemment, c'est détruire notre raison d'être... Et maintenant que votre conscience vous rend témoignage que vous n'avez rien négligé pour arriver où vous êtes ; pour de là passer au séminaire et revêtir, avec l'habit des Filles de la Charité, le titre, les devoirs, les fonctions d'une servante des pauvres, vous auriez l'esprit et le cœur bouleversés parce que cet avenir que vous croyiez prochain semble s'éloigner ! Mais vous auriez donc conservé encore quelque chose des idées et des sentiments du siècle !

« Comprenez-moi bien. Je ne veux pas dire que vous puissiez vous dispenser de ressentir une vive peine de voir vos desseins entravés. Non ; c'est très ou trop naturel ; mais cela ne doit pas aller jusqu'au trouble. L'impression douloureuse qui vous affecte, si vous l'avez acceptée de prime abord et nourrie sans y trop réfléchir, désormais vous devez vous en défier, la modérer, la maîtriser enfin.

« Il n'est pas essentiel pour votre éternité que vous ayez été dans ce monde fille de la Charité, ursuline, carmélite déchaussée, célibataire ou non chez vous, etc., etc., etc. ; ce qui importe sérieusement, c'est que vous ayez accompli la volonté de votre Père qui est aux cieux : voilà ! Je défie qu'on puisse chrétiennement soutenir le contraire. Or, cette volonté de Dieu, comment la connaître ? On croit quelquefois l'avoir reconnue et l'on s'est trompé : on a pris un désir sincère de vocation religieuse pour une vocation religieuse, ce qui n'est pas la même chose.

« Allez-vous conclure de ce qui précède que vous

devez dire adieu à vos plus chères espérances ? Pas le moins du monde. Tout simplement vous accepterez la direction que l'Esprit-Saint, vos guides, vos désirs légitimes vous imprimeront. Vous vous efforcerez de conserver la paix et vous attendrez patiemment le moment de la Providence, sans la presser, sinon par vos prières et votre fidélité à la grâce et à ses inspirations, de se manifester sur vous. Vous vous tiendrez en garde surtout contre le découragement. Vous vous vous direz : « Je me crois appelée « à la vie religieuse ; je garde cette conviction fer« mement et je n'y renoncerai que lorsque tout « espoir se sera évanoui. Et qui m'a dit que cet espoir « ne sera pas réalisé un jour ou l'autre ? Acceptons « donc les soins de la médecine, de nos parents, là « ou là, peu importe. Soyons calme surtout pour « aider à l'art et à la nature et hâter ainsi notre réta« blissement. »

Ces sages conseils portèrent leurs fruits. La pauvre affligée se résigna et attendit sans murmure l'heure de la Providence ; cette heure vint enfin... quinze ans après ; et, depuis un quart de siècle, l'heureuse Philothée de M. Descordes, malgré une santé toujours chancelante, pratique dans l'obscurité qu'elle a recherchée et où son humilité se complaît, toutes les vertus d'une bonne fille de S. Vincent de Paul.

Je m'en voudrais de ne pas citer une des épreuves auxquelles il la soumit, après quelques semaines de postulat passées par elle dans une maison de la congrégation, voisine de la demeure de sa famille. On pourra trouver étrange la conduite du directeur en cette circonstance ; il y poursuivait cependant un double bien : assouplir encore la volonté de sa pénitente et apporter à un père privé de sa fille bien-aimée une dernière consolation ; on aura soin de remarquer aussi qu'il s'agissait d'une postulante et non pas d'une novice.

Donc, un jour où ladite postulante, déjà tout heureuse de son nouveau genre de vie, était occupée au ménage du couvent, M. Descordes y arrive à l'improviste et déclare qu'il a besoin de parler immédiatement à la supérieure. Celle-ci accourt aussitôt : « Ma chère Sœur, lui dit-il, je viens vous demander la permission d'emmener votre postulante passer vingt-quatre heures dans sa famille » ; et, sans lui donner le temps de répondre, il se tourne du côté de sa protégée, que la bonne supérieure avait amenée avec elle. « Allons, ma petite, montez vite à votre chambre : laissez votre robe noire, prenez la verte que vous avez à votre disposition, votre mantille grise qui vous va bien, et aussi votre chapeau. Ne discutez pas, je vous prie ; n'allez pas me dire que j'ai eu trop de peine à vous faire entrer ici pour essayer maintenant de vous en tirer, et que vous priez instamment votre supérieure de vous dispenser de me suivre. Point d'enfantillages ! Préparez-vous ; nous partons dans quelques minutes ; votre frère va faire atteler et il nous conduira. Vous allez venir chez vos parents manger des crêpes. Vous en ferez sauter trois : une à terre, une dans votre tablier et une dans votre estomac. Je vous donne ma parole que je vous ramènerai demain. Saluez votre supérieure ; et, puisqu'elle le permet, filons pour arriver à Saint-F** avant la nuit. En route je vous dirai ce que vous aurez à faire. » Un peu avant le village, M. Descordes lui dit : « Votre frère va vous faire descendre chez les Sœurs de Sainte-Anne ; vous y serez reçue par la bonne supérieure ; vous vous précipiterez dans ses bras et vous épancherez votre cœur dans le sien. Là, vous attendrez que votre mère et votre sœur viennent vous chercher avec une oriflamme à la main. Moi, avant votre entrée dans la maison paternelle, je vais sonder le terrain. Si votre père se montre raisonnable, il vous verra ; mais, pour peu qu'il s'oppose à mon projet de vous rendre demain à votre communauté, vous ne mettrez pas les pieds chez vous. »

Tout s'arrangea pour le mieux : le pauvre père, qui était le condisciple et l'intime ami de M. Descordes, tout heureux de retrouver un instant sa fille qu'il croyait à jamais perdue pour lui, accepta la condition imposée : il pleura, mais des larmes qui soulagèrent son cœur, et ce fut avec la bénédiction paternelle que la postulante, bien heureuse de cette aventure, quoiqu'elle en eût été un peu effarouchée au début, rentra dans son cher couvent.

M. Descordes venait parfois en aide au clergé paroissial dans le soin de catéchiser les ignorants. Voici un trait qui m'a été conté par une personne digne de foi.

Un jeune homme infirme habitait avec sa grand'mère un faubourg d'Angoulême ; la réelle difficulté qu'il éprouvait à se transporter à l'église et aussi l'indifférence de ses parents étaient cause qu'il n'avait ni fait sa première communion, ni reçu aucun enseignement religieux. M. Descordes en fut informé. Touché de compassion, il visite le jeune homme, le console, le réconforte, gagne sa confiance, lui apprend son catéchisme et s'entend avec le curé de la paroisse pour la première communion. Quelques jours avant le jour fixé, il dit à l'aïeule : « Et vous, grand'mère, n'allez-vous point profiter de l'occasion pour faire vos pâques, que vous n'avez pas faites depuis bien longtemps ? Il faut que vous accompagniez ce garçon-là à la sainte table. Allons, vous viendrez demain me trouver à la cathédrale et je vous confesserai. Ce ne sera pas difficile. Ce n'est pas d'hier que nous nous connaissons... Je sais bien qu'autrefois vous avez rôti le balai... A tout péché miséricorde !... Venez et n'ayez pas peur ! » La chose s'exécuta ainsi, et la vieille et son petit-fils durent à M. Descordes leur réconciliation avec le bon Dieu.

De pareils traits ne sont pas rares dans la vie du bon chanoine. C'est dans une circonstance analogue qu'il écrivit aux dames du vestiaire la lettre citée par elles au cours d'un intéressant rapport. Il leur avait déjà recommandé un de ses petits protégés et avait sollicité en sa faveur un costume de premier communiant. « On s'était empressé de lui envoyer le costume tel que le donne l'Œuvre », c'est-à-dire « sans chaussure ni coiffure ». Il reprit alors sa plume : « Très honorées dames, disait-il, veuillez remarquer que nous ne sommes pas en pays musulman et que, chez nous, on entre chaussé à l'église et non pieds nus comme à la mosquée : veuillez donc m'envoyer les souliers que, par oubli sans doute, ne contenait pas le paquet dont j'ai l'honneur de vous accuser réception. »

« On eut toutes les peines du monde à convaincre le vénérable chanoine de l'impossibilité où se trouvait le vestiaire, vu l'exiguïté de ses ressources, de donner le complément qu'il réclamait. » (1)

Il y pourvut sans doute lui-même ; ce qu'il faisait souvent, quoiqu'il eût, en somme, peu de ressources. Une partie de son patrimoine avait été engloutie dans *les rizières du Rhône* et ses revenus étaient médiocres. Cela ne l'empêchait pas de soulager bien des misères. Il prenait à tâche de venir en aide surtout aux pauvres honteux : je l'ai surpris parfois dans mes visites en train d'expédier, soit d'un côté, soit d'un autre, des petites sommes qui, réunies, devaient à la fin de l'année former un total considérable. Il cachait ses aumônes autant qu'il pouvait, par humilité chrétienne en ce qui le regardait, par délicatesse en ce qui regardait ses obligés.

(1) *Semaine religieuse*, dimanche 5 avril 1896, page 322.

Il était également plein d'une compassion effective pour les mendiants que leur vieillesse, leur faiblesse ou leurs infirmités rendaient dignes d'intérêt, quoique parfois il leur adressât à l'abord quelques paroles un peu rudes : ce qui lui avait fait appliquer par sa sœur la carmélite le surnom de *bourru bienfaisant*. Il lui arriva plus d'une fois d'envoyer sa domestique courir après un solliciteur qu'il avait rebuté et qu'il dédommageait ensuite largement de la rebuffade reçue.

Mais ce n'est pas seulement en tirant de l'argent de sa poche que M. Descordes pratiquait la charité. Il y a quelque chose de plus difficile, de plus fatigant, de plus méritoire : c'est de s'entremettre pour qui est dans le besoin et d'obtenir pour lui de plus riche que soi ce que l'on serait heureux de donner soi-même. Que de lettres écrites, que de démarches faites, que de tracas subis pour obliger de pauvres gens dans la peine ! Un jour un conducteur d'omnibus vint lui dire qu'il avait perdu un de ses chevaux et qu'il ne savait comment le remplacer : le malheureux allait être privé de son gagne-pain. M. Descordes, qui n'avait point la somme nécessaire au remplacement du cheval, met en loterie la pendule de son salon, place les billets chez ses amis, et le conducteur d'omnibus remonte sur son siège et recommence à fouetter son attelage.

Les communautés religieuses qui vinrent s'établir à Angoulême trouvèrent en M. Descordes un partisan déclaré, quelques-unes un protecteur dévoué et généreux. Voici ce que nous lisons dans la *Chronique du monastère des Carmélites d'Angoulême*, publiée en 1889 :

« C'est un devoir de reconnaissance de parler des bontés de M. l'abbé Descordes, encore aujourd'hui si zélé pour les œuvres de Dieu, malgré ses quatre-vingt-sept ans, et qui fut tout dévoué pour le Carmel, dès l'annonce de son établissement, comme nous l'avons vu en 1854 (1). Aussitôt que les Carmélites furent arrivées, M. Descordes leur devint des plus utiles, et se montra heureux de se mettre à leur disposition; plus tard, lorsque le monastère fut en construction, il venait surveiller les travaux. La révérende Mère, comprenant qu'il était très entendu en toutes sortes d'affaires, prenait constamment ses conseils, qui l'aidèrent beaucoup. Volontiers il faisait tous les métiers pour rendre service aux Sœurs : au besoin, il donnait un coup de main à la Sœur jardinière. L'ayant vue essayer inutilement de fendre d'énormes souches à brûler, il imagina de faire jouer la mine pour les séparer. Enfin, il était dans son élément en se faisant l'humble serviteur des pauvres Carmélites. Ces charitables services aidaient bien dans la pénurie d'une fondation, qui s'asseoit toujours sur les privations et la plus stricte économie. » (2)

C'est pour tout le monde, du reste, que M. Descordes était obligeant et serviable. « Que de personnes de tout âge, m'écrit une pieuse religieuse qui l'a intimement connu, pauvres ou riches, jeunes gens ou jeunes filles embarrassés pour le choix d'un état de vie, mères tourmentées pour l'avenir de leurs enfants, supérieures de communautés à la veille de prendre une grave décision,

(1) « Depuis huit jours la mère Thérèse s'épuisait en recherches infructueuses (pour trouver un emplacement où établir son monastère) et était sur le point de quitter Angoulême... lorsque la Providence lui vint tout à coup en aide. La veille du jour fixé pour son départ, un digne chanoine de la cathédrale, qui l'avait guidée dans ses premières démarches, M. l'abbé Descordes, lui fit dire qu'un riche propriétaire de la ville venait de mourir et que ses enfants désiraient vendre immédiatement une de ses propriétés sise dans le faubourg Saint-Ausone. » La vente fut, en effet, conclue entre la Mère Térèse et les héritiers Callaud.

(2) *Chronique de l'ordre des Carmélites*, tome IV, Poitiers, imprimerie Paul Oudin, rue de l'Eperon, 4, 1889, page 85.

ont recouru à ses conseils et n'ont eu presque toujours (1) qu'à s'en louer ! »

La prieure du Carmel l'avait donc bien jugé, M. Descordes était très entendu en toutes sortes d'affaires. Il était doué d'une grande dextérité pour les ouvrages des mains, et, dans ses heures de loisir, il exécutait des travaux que n'eussent pas désavoués les plus habiles entre les ébénistes et les tourneurs. Il avait avec cela l'audace du charpentier et du couvreur. On le vit, presque nonagénaire, monter encore sur un toit de sa maison pour y faire quelque réparation, et se hisser, à la cathédrale, sur une échelle branlante pour enlever, avec un marteau et un ciseau, du socle de la statue de la sainte Vierge une inscription qui l'offusquait depuis longtemps, non sans raison, il faut le dire. L'artiste avait écrit *Fiat voluntas tua,* au lieu de *Fiat mihi secundum verbum tuum.*

M. Descordes, si bon pour des inconnus, était pour ses amis d'une inébranlable fidélité et d'un dévouement à toute épreuve. L'année où il prêchait le carême à Saint-Jacques-du-Haut-Pas, à Paris, il fut informé que, non loin d'Angoulême, le père d'un de ses camarades de collège, jusque-là éloigné de la religion, se sentant mourir et voulant se rapprocher de Dieu, désirait pour cette fin le secours de son ministère. A cette nouvelle son cœur s'émeut ; il expose la situation au curé de Saint-Jacques ; de son consentement, il cherche

(1) On comprend cette restriction. Pas plus qu'aucun homme M. Descordes n'était infaillible, et il lui arriva parfois, en matière d'argent, d'indiquer à ses amis des placements qu'il croyait bons, mais que l'événement prouva avoir été mauvais. Il fut lui-même victime d'erreurs semblables. Laissons les habiles financiers de nos jours, qui ne se trompent jamais, lui jeter la pierre.

quelqu'un qui le remplace dans la chaire pour une ou deux semaines, et se rend en toute hâte à Saint-F**. Dieu bénit sa charité : la conversion du père de son ami fut entière, et, avec la grâce, le vieillard (il avait quatre-vingts ans) recouvra aussi la santé : il vécut encore huit années, pendant lesquelles il édifia toute sa paroisse par sa profonde piété.

Assidu au chevet de ses amis dans les maladies, leur consolateur dans les deuils ou autres épreuves, leur conseiller dans les situations difficiles, M. Descordes ne plaignait ni ses soins ni ses peines pour leur rendre service. Qu'il était loin de ressembler à ces égoïstes qui, sous prétexte de se détacher de tout, ne s'en attachent que plus à eux-mêmes et sacrifieraient l'univers à leurs aises et à leurs commodités ! M. Descordes avait l'âme trop haute et le cœur trop chaud pour être sceptique en amitié ; il eût préféré, du reste, appartenir à la catégorie des dupes qu'à celle des prétendus habiles flétris par saint Paul dans sa deuxième épître à Timothée : *sine affectione, sine visceribus* (1).

Ce n'est pas lui qui eût voulu mériter cet autre anathème du grand Apôtre : *Si quis suorum, et maxime domesticorum, curam non habet, fidem negavit, et est infideli deterior* (2). Nul ne sut mieux que lui concilier ce qu'il devait à l'indépendance de son ministère sacerdotal et aux liens du sang ; on ne peut l'accuser ni de népotisme ni d'indifférence pour sa famille. Il était fier, et à juste titre, de se voir entouré de la brillante pléiade de ses neveux et petits-neveux ; il s'intéressait à leurs affaires, aux études des jeunes, à la santé de tous ; il les aidait de ses conseils, sans les en importuner cependant, et il appelait sans cesse sur eux, par ses ferventes prières, les bénédictions d'en-haut.

(1) II Tim., III, 3.
(2) I Tim., V, 8.

C'était une grande joie pour lui, pendant ses vacances de chanoine, de les visiter tour à tour. Que d'heureux moments il passa dans le Bordelais, au château de Malfard, chez M. Georges Descordes, le fils de son frère ! Et cette demeure, où il était comblé des plus délicates attentions, lui devint encore plus chère quand il y célébra la messe dans une gracieuse chapelle. Voici comment il en parlait dans une lettre du 22 novembre 1877 :

« Nous avons eu une belle cérémonie, le 17 octobre : l'archevêque (Mgr Donnet) est venu bénir une charmante chapelle que Georges a fait construire à Malfard en dehors du château. C'est un bijou. Elle a 27 pieds de long sur 11 de large, avec un sanctuaire ; toute en pierre de taille ; style pur XIIIe siècle ; sept fenêtres ogivales ; vitraux très bien exécutés ; Sacré Cœur ; Notre-Dame de Lourdes ; de bons tableaux ; mes statuettes d'ivoire, mes seize émaux, tous mes petits tableaux cuivre et bronze florentin, etc., etc. ; bénitier Louis XIII ; peintures aux clés des voûtes : armes du Saint-Père, du Roi, de la famille ; autel décoré comme au moyen-âge ; pavé de Beauvais semé de fleurs de lis, etc. Elle a un caractère chaud et pieux ; ornements convenables. J'y ai passablement travaillé et je m'en réjouis. »

La citation qui précède montre que M. Descordes avait collectionné de nombreux objets d'art : il était homme de goût et connaisseur. Il avait aussi réuni une belle bibliothèque ecclésiastique. Assez longtemps avant de mourir, il se détacha de tout ce qui aurait pu le préoccuper au moment du grand passage : il donna ses richesses artistiques à sa famille et partagea ses livres entre le grand et le petit séminaire.

CHAPITRE VIII.

DERNIÈRES ANNÉES ET MORT DE M. DESCORDES.

Dans ses dernières années, M. Descordes souffrit douloureusement des persécutions de l'Eglise et des humiliations de la France, écrasée d'abord par le Prussien et opprimée ensuite par le juif et le franc-maçon. La mort du comte de Chambord fut un de ses grands deuils; mais, inébranlable dans ses principes monarchiques, il regarda comme valable la réconciliation de Frohsdorff et reporta sur le comte de Paris, sinon son affection, au moins une partie de ses espérances. Il ne devait pas les voir s'accomplir.

Je n'ai pas à dire combien son cœur de prêtre et de Français abhorra la tyrannie impie qui détruisait une à une les libertés catholiques, chassait Dieu non seulement de toutes les institutions politiques, mais encore des écoles (1) et des hôpitaux. et les religieux de leurs maisons. Il n'était plus d'âge à lutter contre les persécuteurs par la parole ou par la plume;

(1) M. Descordes avait l'université en horreur et employait, pour caractériser ses collèges et lycées, un mot que je me garderai bien de reproduire.

mais il ne manqua jamais, tant qu'il put se traîner, d'aller, pour remplir un devoir sacré à ses yeux, déposer son bulletin de vote dans l'urne électorale. Et surtout il priait, il priait sans cesse pour sa chère patrie ! Il s'épouvantait des châtiments dont elle était menacée et se préoccupait de les détourner par la pénitence et une humble soumission à l'épreuve. Il écrivait à la pieuse fille qu'il avait dirigée :

« C'est une grande misère et une douleur profonde pour les enfants de Dieu, de vivre avec la perspective des maux qui menacent et la religion et la société. On trouve sans doute dans la soumission aux vues de la Providence quelque force et quelque adoucissement ; mais le cœur est sous le pressoir. Hélas ! le mal et la dépravation s'étendent avec rapidité et marchent la tête haute. Et le pire, c'est qu'on n'entrevoit pas le terme, ni le moyen d'arrêter le torrent. » (30 janvier 1885.)

Et ailleurs :

« Ne pensez-vous pas, ma Sœur, que Dieu demande à ses fidèles amis des sacrifices compensateurs des abominations qui se multiplient si effrontément de nos jours dans tous les rangs de la société ? Oh ! quel dédommagement nous lui devons ! Pourrons-nous alléger cette effroyable dette ? Demandons-lui donc de nous frapper et d'épargner les criminels ignorants qui persistent à commettre leurs crimes avec une joie délirante... et satanique. Habituons-nous à nous soumettre, tout en gémissant, chaque jour à sa juste rigueur ! » (1)

Il insiste encore ailleurs sur cette résignation à la volonté divine :

« Votre lettre du 29 décembre m'est arrivée, en tête de la procession de celles que m'a amenées

(1) Lettre non datée (probablement de 1881).

l'année 1877, dont je n'augure rien de bon. A la grâce de Dieu ! Nous savons que les évènements se succèdent et se déroulent selon sa volonté. Quels qu'ils soient donc, acceptons d'avance tout ce qu'il lui plaira d'ordonner ou de permettre. Ce qui est indubitable, c'est qu'il nous aime, et d'un amour que nos misères et nos infidélités n'altèrent point d'ordinaire. Courage et confiance ! car il nous soutient, nous aide, nous porte entre ses mains puissantes et paternelles ». (1)

Il proclame la nécessité absolue de la croix pour le chrétien, et la promotion dans la Légion d'honneur d'une fille de la Charité, du Val-de-Grâce, Mlle Caroline de Moissac, lui donne occasion de le faire en termes charmants.

« Je lui ai adressé mes félicitations, dit-il, mais d'une certaine manière... qui aura, je présume, appelé un sourire aimable sur ses lèvres... Je ne lui ai pas dit toutefois que, dans une circonstance, j'avais arrêté l'élan d'un préfet qui voulait me présenter pour la croix d'honneur sous le règne de Louis-Philippe. J'aurais craint de la contrister. N'ayant pas eu le temps de consulter ses supérieurs, elle n'était pas libre d'accepter ou de refuser ce que lui imposait inopinément notre compatriote M. Carnot... Hé ! oui, ma chère Sœur, méritons les croix, acceptons-les dans leur nudité des mains de notre Rédempteur Jésus. Obtenons de sa miséricorde de les porter humblement et courageusement, et nous serons vraiment décorés *et nunc et semper*. A ce point de vue, je vous crois déjà, non seulement *chevalière* (c'est le premier degré de l'ordre), mais *officière* au moins. Sans doute les croix de ce genre ne sont pas dotées d'une pension annuelle ; mais, lorsque le moment de la rétribution finale arrivera, lorsqu'on aura atteint le grade culminant, on verra se réaliser le mot du grand Apôtre : *un poids immense de gloire !...* Malheureusement les aspirants dans cette légion ne sont pas nombreux. Heureux ceux qui sont choisis

(1) Lettre du 8 janvier 1877.

et qui répondent fidèlement à l'appel de l'homme des douleurs !

« N'est-ce pas la bienheureuse Angèle de Foligno, ajoutait-il, qui dit que Notre-Seigneur a plusieurs tables où il admet ses amis, mais que, pour les privilégiés, il sert principalement les croix, les épreuves et les douleurs ? »

Le pieux chanoine était depuis longtemps assis lui-même à cette table de choix et enrôlé dans l'ordre dont le divin Crucifié est le grand maître : pour le faire monter aux plus hauts degrés, la vieillesse s'appesantissait sur lui avec un cortège croissant d'infirmités. On me pardonnera, j'espère, de recueillir dans sa correspondance et de citer largement ses réflexions sur ce sujet : elles montreront, mieux que celles que je pourrais faire, combien il sentait le néant de la vie présente et s'en détachait chaque jour; combien il pensait à l'éternité et désirait le secours des saintes âmes pour se préparer dignement à y entrer. C'est un côté trop peu connu du caractère de M. Descordes et je tiens à le mettre en lumière.

« Vous dites, ma chère Sœur, que les choses vont vite aujourd'hui ; je trouve qu'elles roulent avec la rapidité du torrent le plus impétueux. Voyez ! me voilà vieux,... très vieux. Déjà vous n'êtes plus jeune. Nous cherchons autour de nous nos amis : ils sont partis ; — nos condisciples : je n'en trouve plus qu'un, hélas! et encore atteint d'une maladie qui ne laisse pas d'espoir... Je sens très sérieusement le poids de l'âge, je deviens lent, lourd, paresseux ; sans parler de ma surdité, qui croît et n'embellit pas. Tout ceci vous explique... le long silence qui a suivi votre aimable épître du 28 décembre... J'en prends à mon aise, comme si mes jours étaient de trente-six heures... Je dois ajouter... que mon horreur naturelle du papier, des plumes et de l'encre ne diminue pas, au contraire. » (1)

(1) Lettre du 7 février 1876.

Dans une lettre postérieure :

« Mon rhumatisme me laisse assez tranquille, bien qu'il ait pris décidément possession de ma jambe droite, qui reste froide, mais dont je me sers néanmoins comme à l'ordinaire. Mais voici le beau de mon affaire : je suis borgne absolument ; l'oreille gauche est morte, la droite expirante ; l'œil droit s'en va ; le rhumatisme reste. A tout ce gracieux ensemble, ajoutez le complément d'une attaque nerveuse qui, dans le mois de septembre, m'a jeté subitement à terre. Je disais seul mon chapelet dans notre charmante chapelle (1), lorsque j'ai été renversé de ma chaise. Si je l'eusse achevé à genoux au lieu d'être assis, ma tête eût moins porté sur le pavé. Quoi qu'il en soit, le choc m'a rendu à moi-même. Je me suis relevé à demi, cahin caha... Une petite cuillerée de sirop d'éther et le repos m'ont promptement calmé. La nuit a été bonne et le lendemain je ne m'aperçus de rien... Bien qu'une digestion fatigante de la veille m'ait expliqué cette crise, ne vous semble-t-il point qu'il ne faut pas jouer avec de tels lutteurs et qu'il convient de tenir compte de leurs perfides surprises ? »

Parlant ailleurs des souffrances auxquelles sa fille spirituelle était habituellement en proie, il lui dit :

« Chez vous, ma chère Sœur, comme chez bien d'autres, la douleur n'est pas définitivement localisée ; elle se promène, afin sans doute que chaque partie de ce pauvre corps, qui lui est dévolu, procure à l'âme un mérite spécial et que, pendant l'évolution de la vie, aucune molécule n'échappe à son action. Cela me paraît une loi du rhumatisme, si j'en juge à son humeur vagabonde : je crois que je serais en mesure d'en témoigner au besoin. . Que faire ? Vous connaissez le remède souverain à opposer victorieusement à cela : c'est le *fiat* parti du cœur, souvent et sincèrement répété. »

(1) Voir plus haut, page 134.

Il revient maintes fois sur la fuite du temps :

« Votre lettre, ma chère Sœur, est du 27 décembre d'une année qui a fait une cascade si vertigineuse que ni voie ferrée ni ballon ne sauraient l'atteindre ni l'imiter. Où est-elle ? quel gouffre sans fond l'a absorbée ? Demandez-le au maître absolu du présent, de l'avenir et du passé. Quelle réponse en recevrez-vous ? Il n'y en pas deux. Nos jours, nos semaines, nos mois, etc., fuient comme l'ombre, *sicut umbra*. C'est bien la peine de nous préoccuper du lendemain ! est-ce que, à chaque jour, ne suffit pas son mal ? Pourquoi donc nous souhaiter de bonnes et longues années ? cela ne semble-t-il pas une dérision, en ce temps-ci surtout ? Les Romains ont bien plus de sens. Il ont choisi les fêtes de Noël pour se complimenter et s'adresser des souhaits : ils les mettent sous la sauvegarde du Roi nouveau-né. Ils ont délaissé le premier de l'an, jour auquel les païens leurs ancêtres célébraient les saturnales, qui nous sont étrangères et ne peuvent rien dire à l'esprit ni au cœur. Penseriez-vous toutefois que je sois disposé à blâmer l'usage dont on abuse aujourd'hui ? Du tout. Il est toujours possible d'en tirer le bien à l'aide d'une bonne intention, etc. » (1)

Comme preuve qu'il en est intimement persuadé, il s'avise, l'année d'après, de devancer sa correspondante, et lui écrit, le 26 décembre 1885 :

« Vous êtes dans la gracieuse habitude chaque année de me prévenir par l'expression de vos vœux... Si, cette fois, je n'intervertissais les rôles, qui sait si j'aurais la faculté de répondre en 1886 à la lettre que vous me destinez ? Prenons donc les devants. Vous pouvez, si bon vous semble, rire de cette préoccupation, originale peut être, mais qui me semble assez prudente, eu égard à mes quatre-vingt-cinq ans, à l'incertitude de notre pauvre vie, et aux infirmités qui ne manquent guère d'accourir chez les vieux décrépits, pour les pousser et leur jouer

(1) Lettre du 7 février 1884.

des tours peu aimables parfois... Décidément l'âge des privations prévaut et triomphe... Il ne s'agit plus de prêcher les autres ; il faut se retourner contre soi et ne pas se ménager les avertissements et les remontrances ; car le besoin d'icelles est très réel. Malheureusement le succès n'est pas égal au besoin. Voilà pourquoi, ma chère Sœur, à l'instar de ces vieux pauvres qui piteusement tendent la main, je vous présente ma sébile pour le présent et surtout pour un prochain avenir, afin que vous y jetiez une partie de vos mérites pour suppléer à mes démérites, etc. Cette communion des saints est obligatoire. Vous me ferez donc ma part ; car le moment de mon compte général arrive rapidement. Ne l'oubliez pas : ce sera le meilleur de vos souhaits. Quelquefois celui qui présente sa sébile est impotent ; il ne peut se présenter à tous et à toutes ; il la remet alors à une main amie qui la porte et qui la secoue devant les riches. Prenez la mienne ; faites-la miroiter devant vos sœurs et vos élèves, et qu'il m'advienne par vous une bonne provision de prières de choix ! »

Cette diligence à prévenir sa correspondante ne se reproduisit point ; il eut, au contraire, à s'excuser plus d'une fois encore d'avoir longuement tardé à répondre. « Ne cherchons point de prétextes », disait-il le 20 février 1887.

« Jetons tout cela sur l'appesantisssement de mes quatre-vingt-six ans. Nous serons alors plus près de la vérité. C'est une chose qui m'étonne que cette aptitude à renvoyer au lendemain ce qu'on pourrait faire la veille, et plus facilement sans doute ; car chaque jour apporte son contingent au poids général sous lequel fléchit la constitution. Mais, pour mon compte, sans me préoccuper de ce qui se produit chez mon prochain, je constate le fait et je l'avoue avec confusion ; — car, si je déployais un peu plus d'énergie, il est probable que je réagirais avec quelque succès contre cette honteuse tendance... Je dis ce que j'éprouve et constate : c'est de la décrépitude non assez combattue, à mon détriment. Quoi qu'il en soit, le souvenir de mes anciens amis reste ferme et inébranlable jusqu'à ce jour.

« Mes petites épreuves physiques, rhumatismes parfois ambulants, etc., ne me préoccupent pas beaucoup ; par contre, ma surdité me déroute quelquefois. Elle ne diminue guère, loin de là ; et elle produit des quiproquos drôlatiques qui amènent le sourire sur les lèvres. Voilà les agréments de la vieillesse. » (1)

Malgré tout, il les acceptait assez gaiement et était disposé à en badiner ; témoin le billet par lequel il accompagnait l'envoi de sa photographie à une fort vieille dame de sa connaissance :

« Chère bonne dame, puisque, d'une part, vous ne voulez pas absolument perdre de vue le fameux clocher de Saint-F** et que, d'autre part, je ne suis pas aussi voyageur que par le passé, voilà que je m'envoie moi-même à vous. Ce petit carré de papier sur lequel se trouve un peu de noir vous rappellera quelquefois le pauvre vieil absent. Il me semble qu'il serait plus avantageux pour vous de poser devant un photographe, que de faire reproduire la fameuse miniature où vos cheveux semblent indiquer que vous sortez d'un bain tiède. Réfléchissez à ce bon conseil : vous pourriez par là vous communiquer à vos amis. Hélas ! que sont devenues nos personnes, types jadis si remarquables par la beauté, la grâce et la vivacité de l'œil ! Comme tout cela s'est évanoui ! Sur ce, que Dieu daigne augmenter chaque jour la beauté de votre âme : ce sera une heureuse compensation des innombrables rides de ce pauvre corps qui lui sert de vieux manteau de nuit... et de jour ! »

Il garda jusqu'à la fin cet enjouement au milieu de la souffrance. J'ai pu en noter bien des traits dans mes fréquentes visites, où je recevais toujours un accueil si aimable et si gracieux ; je n'en citerai que quelques-uns. Un jour, dans une

(1) Lettre du 27 février 1887.

chute, il s'était blessé à la tête (1) : la blessure avait promptement guéri ; mais, un peu plus tard, le rhumatisme le clouait sur son fauteuil. « Voyez-vous, mon cher frère ? s'écriait-il en souriant, la camarde n'a pu me prendre par la tête : elle veut me prendre par les pieds ! » Dans une autre circonstance, comme je me levais pour me retirer : « Mon cher frère, me dit-il, je suis bien content de vous voir et de causer avec vous du passé ; mais pourtant je ne voudrais pas manquer à la charité. — Oh ! monsieur le doyen, répliquai-je, vos conversations ne blessent point la charité ; elles m'apprennent l'histoire du pays ! »

Donnant alors à sa physionomie une gravité inaccoutumée, il me débita solennellement ce quatrain :

A quoi bon apprendre l'histoire ?
L'histoire est la même partout.
Apprenons plutôt à bien boire ;
Quand on sait bien boire on sait tout.

Et, là-dessus, il me reconduisit en riant jusqu'à la porte de sa maison.

Un de nos plus sympathiques compatriotes, non moins distingué par ses charmantes qualités que par son beau talent, proposa à M. Descordes de le portraire (2) et celui-ci accepta. Or, il est d'usage que, dans les longues heures de pose, le peintre égaie son modèle par des récits plaisants ; mais ici ce fut le modèle qui égaya le peintre ; il

(1) Il avait eu une défaillance après avoir dit sa messe dans la petite chapelle intérieure du cercle catholique ; c'était vers le commencement de janvier 1891.

(2) M. Henri Daras a fait don de ce portrait au chapitre dont M. Descordes a été membre près de cinquante ans ; il est exposé dans la sacristie des chanoines.

en a rendu lui-même témoignage, et une personne qui lui est justement chère ne me démentira pas si j'affirme qu'elle assista souvent aux séances, à cause du vif plaisir qu'elle trouvait dans les réflexions spirituelles et piquantes, dans les anecdotes pleines de sel gaulois du vénérable doyen.

Il avait sollicité en cour de Rome, vu son grand âge et ses infirmités, une dispense d'assister à l'office canonial : elle lui fut accordée pour cinq ans. « Oh ! oh ! dit-il, en riant de cette limitation, les bons Romains ont cru être généreux pour moi. Avant longtemps, ont-ils pensé, ce vieux décrépit aura quitté le monde : une dispense pour cinq ans, c'est assez. Nous verrons bien, mes seigneurs et mes pères : et il pourrait arriver que vous eussiez à refaire votre rescrit. » Il ne se trompait point : il vécut au delà du *quinquennium* concédé par la congrégation des rites, mais, sur l'avis de son confesseur, qui le jugea délié par le droit naturel de l'obligation du chœur, il ne demanda pas le renouvellement de la dispense.

Si la vieillesse et les misères qui y sont inhérentes n'altéraient pas sa gaîté, elles ne diminuaient pas non plus son énergie, quoi qu'il en dît par humilité. Tant qu'il lui resta quelque force, il ne changea rien à son règlement. Il faisait ses exercices de piété avec une ponctualité admirable, célébrait la messe chaque jour, et, malgré la perte d'un œil et l'affaiblissement de l'autre, employait à lire, ou parfois même à écrire, tout le temps libre qu'il ne consacrait pas à la prière. Il se servait lui-même le plus qu'il pouvait, n'acceptant d'aide qu'à la dernière extrémité, à ce point qu'il continua presque jusqu'à la fin de sa vie de faire son lit de ses propres mains. J'avoue que ce n'était pas un travail compliqué; car il n'y a pas de couchette de séminariste plus simple ou plus dure. Sa cuisine n'était pas très raffinée : il n'avait point pour domestiques des cordons bleus. Il avait toujours été, du reste, d'une grande sobriété, et ce fut une des causes de sa longévité plus qu'ordinaire.

Dans ses dernières années, il acceptait peu d'invitations en dehors de sa famille et de l'évêché, où Mgr Sebaux était heureux de le posséder. Mgr Sebaux, en effet, avait pris en affection le vénérable chanoine : il lui témoigna la plus vive estime, le combla d'attentions et gagna entièrement son cœur. Le dimanche de la Pentecôte de 1891, quand j'allai annoncer au bon doyen que l'évêque du Puy venait de donner l'extrême-onction à Monseigneur avant la messe du chapitre, à cause de l'aggravation de son état, au lieu d'attendre après la messe comme cela avait été d'abord convenu, il resta un instant absorbé dans sa tristesse, puis il me dit : « Des cinq évêques que j'ai eus, c'est bien celui-là que j'ai aimé davantage ! »

Et c'était vraiment le plus aimable, avec Mgr Guigou et Mgr Cousseau ; mais je dois convenir que M. Descordes n'avait pas toujours été assez juste à l'égard de ce dernier, qui, par ses vertus éminentes, la bonté de son cœur, la dignité de son caractère, la vivacité de son intelligence, l'étendue de sa science, son incomparable modestie et ses labeurs apostoliques, a été l'un des grands évêques de son temps (1).

(1) M. Descordes, avec son caractère indépendant et son esprit caustique, passa souvent pour être un homme d'opposition. Cette opposition se bornait à quelques réflexions plus ou moins mordantes ; elle ne l'entraîna jamais dans l'intrigue, qu'il avait en horreur. Sa sévérité, parfois excessive, pour les puissances était chez lui le fruit de l'inexpérience plutôt que de la malice : n'ayant jamais rempli de fonctions administratives, il ne se rendait pas assez compte des difficultés du gouvernement des hommes, et prenait trop au pied de la lettre le mot de l'Écriture : *Potentes potenter tormenta patientur* (*). La tâche des supé-

(*) Sap. VI, 7.

Dans ses compliments de bonne année ou de bonne fête à Mgr Sebaux, M. Descordes, jaloux de conserver longtemps un prélat si cher, lui adressait force remontrances sur l'excès de son zèle et de ses fatigues et lui prêchait avec peu de succès la modération dans le travail. Quand, en 1877, on voulut l'enlever d'Angoulême pour le donner à Nantes, M. Descordes écrivit à la nonciature afin d'exprimer ses propres sentiments à l'encontre de ce projet et d'annoncer l'envoi imminent d'une pétition du chapitre dans le même sens. Heureusement que l'attachement de notre évêque pour son premier diocèse rendit cette démarche inutile. Le nonce en informa M. Descordes par le billet suivant :

NONCIATURE APOSTOLIQUE
DE FRANCE. *Paris, 20 juillet 1877.*

Monsieur l'abbé,

Il n'est plus question de transférer Mgr Sebaux. Sa Grandeur s'est opposée à la translation.

Vous n'avez donc à faire *(sic)* de pétition et vous pouvez être tranquille.

Veuillez agréer, Monsieur l'abbé, l'expression de mes sentiments distingués.

✝ *(Signature illisible)* (1), archevêque de *(illisible)* (1).

A M. l'abbé Descordes, chanoine à Angoulême.

Il ne se contenta pas de pleurer le saint évêque ;

rieurs est si rude et leur fardeau si lourd, qu'il faut être bien compatissant pour eux ; sauf peut-être pour les ambitieux, qui, ayant convoité les dignités et s'y étant poussés eux-mêmes, dans certains cas par le mensonge et l'injustice, ne méritent guère d'indulgence.

(1) Le nonce apostolique à Paris à cette époque était Mgr Pierre-François Meglia, archevêque de Damas *in partibus infidelium*.

il demanda par de ferventes oraisons qu'un digne successeur lui fût donné, et, quand, après bien des craintes et des angoisses, il sut que sa prière était exaucée, il s'empressa d'en exprimer son bonheur à celui qui en était l'objet. Le 9 avril 1892, il mandait un ecclésiastique de ma connaissance afin de lui communiquer le compliment qu'il venait d'adresser au vicaire général de Dijon, proposé au Pape pour l'évêché d'Angoulême, l'aimable réponse qu'il en avait reçue, et une lettre très élogieuse de Mgr Sonnois. Désireux d'aider le futur pontife à connaître l'histoire de son diocèse, il lui offrit en hommage la *Chronique des évêques d'Angoulême*, jointe à la *Vie* de Mgr Guigou, par M. Michon, et la *Notice sur les Écoles secondaires ecclésiastiques*. Il se préoccupa dès lors, pour n'être pas surpris, de composer la harangue qu'il aurait à prononcer au jour de l'intronisation, et, le 29 mai, il eut la bonté de me la lire. Il était en avance de plus de trois mois : la préconisation de l'évêque d'Angoulême, conformément aux habitudes de lenteur chères aux compatriotes de Fabius Cunctator, tarda jusqu'au 11 juillet : le sacre eut lieu le 24 août, et c'est le 8 septembre seulement que M. Descordes eut l'honneur de recevoir, à la porte de la cathédrale, Mgr Jean-Baptiste Frérot et de lui adresser d'une voix faible, mais assurée, ses félicitations et ses vœux (1).

« Et maintenant, disait-il en finissant, après avoir vu six (2) pontifes sur la chaire de notre saint Ausone, je puis chanter le cantique de Siméon, mais en l'accompagnant d'un légitime et joyeux alleluia. »

Il ne devait pas, en effet, survivre longtemps à

(1) *Semaine religieuse* du 11 septembre 1892.

(2) La *Semaine* dit *au moins six pontifes :* c'est un *lapsus* du copiste ou de l'imprimeur; car M. Descordes a vu *six* évêques d'Angoulême, ni plus, ni moins.

cette fête joyeuse. Quelques années auparavant, il avait été assez dangereusement atteint pour que M. l'archiprêtre de la cathédrale lui administrât l'extrême-onction : il s'était relevé ; à la fin de 1891, une crise d'influenza l'avait incommodé sans le terrasser ; le poids des années allait faire ce que n'avait pas fait la maladie. Il continua de sortir encore après l'installation de Mgr Frérot, tant que dura la belle saison, mais l'hiver de 1893 le fit beaucoup souffrir ; il écrivait, le 12 février : « L'hiver m'a cloué sur mon fauteuil près de mon foyer. Je suis devenu très impressionnable et le froid me gêne singulièrement. Je ne suis pas sorti de ma cellule, à part trois fois dans la semaine dernière : je me suis borné à traverser notre rue, qui n'a que cinq mètres de largeur, pour visiter M. Amant Brunelière, qui a été très souffrant. Mes forces diminuent chaque jour et je m'appesantis beaucoup. Ce sont des préludes évidents que je ne dois pas négliger. »

Le printemps le ranima un peu et l'année 1893 se passa sans grave accident ; à la fin de cette année et au commencement de l'autre, il me fournit encore, avec son obligeance et sa bonne humeur ordinaires, les renseignements que je lui demandais ; mais, vers le milieu du carême, il se sentit plus fatigué et s'étendit sur son lit sans avoir la force d'ôter ses vêtements et sans permettre qu'on les lui ôtât. M. l'archiprêtre, inquiet, lui proposa l'extrême-onction. « Je ne crois pas le danger de mort imminent, répondit-il ; néanmoins, faites ce que vous jugerez bon. » Il reçut le sacrement avec une grande dévotion ; puis, quand la cérémonie fut finie, il revint à sa première pensée, et dit à M. Davant : « Il n'y avait pas urgence ! » De fait, il vécut à peu près un mois, regardant d'un œil ferme la mort qui arrivait, et l'acceptant avec la plus chrétienne résignation. Sa patience fut inaltérable et sa piété édifiante. Il s'était défait, je l'ai dit plus haut, des objets précieux qui auraient pu préoccuper son esprit à cette heure suprême. Il voulait mourir dans la pauvreté : rien, en effet, de plus pauvre que ses habits, son linge, son lit funèbre, je dirais presque son grabat. La femme d'un ancien commissaire-priseur, qui avait connu son goût pour les belles choses, pour les chefs-d'œuvre de l'art, ne s'expliquait pas le changement dont elle était témoin, et ce détachement de M. Descordes, même à l'égard de ce qui aurait pu adoucir ses derniers moments, la remplissait d'admiration.

Assisté par M. l'archiprêtre de la cathédrale et ses vicaires, par M. l'abbé Beauregard, aumônier du cercle catholique, nourri par leurs soins presque chaque jour du pain eucharistique, le vénérable M. Descordes s'éteignit doucement le lundi 2 avril 1894 : il était âgé de quatre-vingt-douze ans six mois et vingt-six jours.

Ses funérailles furent célébrées à la cathédrale le jeudi suivant par le chanoine de semaine, M. Guillaume Hameau, qui devait le suivre de si près. Le corps a été déposé, au cimetière de Bardines, dans une sépulture de famille.

Je me suis appliqué à conter le plus fidèlement que j'ai pu la longue vie de M. Descordes, et j'espère que, malgré la multiplicité des anecdotes, les lecteurs de mon récit ne me reprocheront pas de leur avoir fait perdre absolument leur temps et leur peine. Ils auront sans doute trouvé çà et là, dans ce récit, plus d'un utile enseignement et quelque édification. J'aime à penser qu'ils auront, comme moi, reconnu en M. Descordes un homme d'honneur et de caractère, un prêtre d'une foi vive et d'une généreuse charité, un orateur puissant. Cela ne fera-t-il pas contrepoids aux espiègleries de l'écolier et même aux boutades caustiques du chanoine ?

Si quelques-uns, comme cela est possible, voulaient aussi dire de l'intelligent, vaillant et pieux héros de cette notice : « C'était un original ! » je n'y contredirais pas. Et vraiment, en un siècle où tant de gens ne sont que de pâles copies et ne savent ni agir, ni vouloir, ni penser par eux-mêmes, pauvres esclaves des opinions profitables et adorateurs des idoles du jour ; en un siècle où tant d'hommes ont passé successivement par toutes les couleurs de l'arc-en-ciel, sans en devenir plus lumineux, ce n'est peut-être pas un si petit mérite que d'avoir été original et d'être resté original jusqu'à la fin.

Parmi les premiers compagnons de saint François, il y en avait un nommé *Juniperus* (en français *Genévrier*), dont les singularités ont défrayé l'auteur des *Fioretti*. Mais le patriarche d'Assise, qui connaissait les grandes vertus de ce religieux, son humilité, sa simplicité, sa patience, dit un jour à ses frères : « Plût à Dieu que nous eussions une forêt de pareils *genévriers !* »

M. Descordes ne ressemblait guère à frère *Juniperus* et je ressemble moins encore à saint François ; malgré cela, j'oserai dire de l'excellent doyen du chapitre, en concédant qu'il ait été original : « Plût à Dieu que, pour la gloire de l'Eglise, l'honneur du pays et le bien des âmes, le clergé charentais eût beaucoup de pareils originaux ! »

FIN.

ADDITIONS ET CORRECTIONS.

NOTE SUR LES PROFESSEURS DE M. DESCORDES A SAINT-JEAN-D'ANGÉLY.

(pages 19-27, *passim*)

René Augustin Dorion, né le 10 novembre 1787, professeur au petit séminaire de Saint-Jean-d'Angély, fut ensuite vicaire de la cathédrale de La Rochelle, et il en devint même archiprêtre. A la suite de quelque difficulté avec l'évêque (Mgr Bernet, je crois), il passa dans le diocèse de Luçon.

André Fradin, né le 18 mai 1796 aux Cayes (île Saint-Domingue), prêtre en 1819, professeur au petit séminaire de Saint-Jean-d'Angély de 1815 à 1830, nommé alors curé de Marennes, devint chanoine titulaire de La Rochelle en 1843 et mourut à Saintes le 13 janvier 1861.

Jean-Nelzir Duchesne-Mortimont, né à Saintes vers 1792, était fils d'un député du tiers état aux états généraux de 1789. Après avoir suivi les cours du grand séminaire de La Rochelle, il devint, en 1815, professeur au petit séminaire de Saint-Jean-d'Angély, et fut, en 1819, nommé curé de Montils. Il ne tarda pas à quitter son diocèse natal pour se rendre à Paris ; il y fut le collaborateur de l'abbé Liautard au collège Stanislas, puis fut curé de Boulogne-sur-Seine de 1836 à 1840, puis de Champigny : il était chanoine honoraire de Paris. M. Duchesne a beaucoup écrit, spécialement des opuscules de piété. Vers la fin de sa vie, sa tête se dérangea :

il mourut dans la maison de santé de Saint-Maurice de Charenton, le 1er mai 1850.

André Menuet, né à Saint-Gervais, canton de Beauvoir-sur-Mer (Vendée), le 4 février 1795, prêtre en 1819, professeur au petit séminaire de Saint-Jean-d'Angély jusqu'en 1819, puis à celui des Sables-d'Olonne, dont il devint supérieur en 1824, fut vicaire général de plusieurs évêques de Luçon, chanoine de la cathédrale, et mourut à Luçon le 17 octobre 1862.

C'était un prêtre affable, expansif, plein de cœur et d'esprit, très zélé, charitable et bon pour tous; un prédicateur d'une éloquence chaude et impétueuse. Il était très aimé du clergé et des fidèles de la Vendée. Il fut plusieurs années le conseiller général du canton de Challans sous la République de 1848 et sous l'Empire.

M. Descordes parlait aussi quelquefois de son professeur de mathématiques, M. Vrignonneau.

Jean-Baptiste Vrignonneau, né à Saint-Benoît-sur-mer (Vendée), le 14 septembre 1794, prêtre en 1817, fut professeur plusieurs années aux petits séminaires de Chavagnes, de Saint-Jean-d'Angély, des Sables-d'Olonne et au grand séminaire de Luçon. Il devint chanoine titulaire de Luçon en 1856 et mourut le 5 juillet 1869. M. Vrignonneau avait intimement connu le vénérable Père Baudoin, fondateur des Filles de la Croix-Saint-André. C'était un habile théologien, un prêtre très pieux, d'une régularité exemplaire et, sous des formes un peu brusques, un cœur excellent.

Page 47. — Pendant que cette brochure était sous presse (ce qui a duré fort longtemps), Mme Marguerite-Albine Prémont est morte le 29 août 1896. (Cfr. *Semaine religieuse*, numéro 36, 6 septembre 1896.)

Page 48. — M. Omer Mesnard, précédemment curé-doyen de L'Houmeau, a été nommé chanoine titulaire, et sa nomination a été agréée le 10 août 1896.

Il s'est logé en haut de la rue Fénelon, au n° 6, dans la maison où est mort l'oncle de M. Armand Descordes, ancien curé de Dolus, dont j'ai parlé à la page 8.

Page 56. — Ce qui suit, à partir de cette page jusqu'à la fin de la brochure, n'a pas été inséré dans la *Semaine religieuse.*

Page 60. — Une intéressante notice sur Mlle Irénée Rousseau de Magnac (appelée en famille Fanny) place en 1820 les commencements de sa communauté ; la date de 1822 donnée par l'annuaire de la Charente est peut-être relative au moment où cette communauté, approuvée par l'autorité compétente, eut une existence officielle et légale. (*Vie de Rose-Françoise Gilbert des Héris*, par M. J.-H. Michon, page 128.)

Page 61. — Dans le livre précité, pages 21 et 22, est mentionnée, comme supérieure des Dames de Saint-Paul en 1840, Mlle Darnaud, fille d'un ministre protestant, laquelle avait abjuré, à la cathédrale, le 29 juin 1819.

Page 94. — M. Sarthe (Jean-Baptiste), né à Parin (Haute-Garonne), le 7 septembre 1794, prêtre le 16 juin 1821, devint, en quittant Cognac, curé de Brie-de-La Rochefoucauld, puis d'Asnières en 1848 ; démissionnaire en 1876, il est mort à Bagnères-de-Bigorre le 3 décembre 1879.

Page 95. — J'ai parlé dans la *Notice sur les Ecoles secondaires ecclésiastiques du diocèse d'Angoulême* (pages 248 et 254) des PP. Convers et Chartignier, mais j'ai mal orthographié le nom de celui-ci en l'écrivant *Chartenier*. Je n'ai pas aussi dit suffisamment le bien que le P. Convers fit au petit séminaire de Bassac, à Cognac et dans toute la contrée.

Page 103. — On trouvera d'amples détails sur M. Duffourc dans la *Notice sur les Ecoles secondaires ecclésiastiques, etc.*, notamment pages 247, 251-252, 490-506.

Page 110. — M. Valette était le supérieur du grand séminaire. (Cfr., page 38, note 1.)

Page 119. — Pendant l'impression de cette brochure, la bonne Céline D(uranceau), épouse d'André M(auhourat), est morte le 12 juin 1896, à soixante-douze ans.

Page 134. — Vers 1876, M. Descordes fut nommé,

par le cardinal Donnet, chanoine honoraire de Bordeaux. Il l'était déjà depuis longtemps, comme je l'ai dit ailleurs, de Poitiers et de Limoges. Il ne l'a jamais été d'Angoulême.

Je reproduis ici, à titre de renseignement et comme spécimen de la prose latine de l'auteur, l'épitaphe consacrée par M. l'abbé Descordes à la mémoire de son père, juriste et avocat distingué, premier président de la Cour de Poitiers, député, vice-président de la Chambre, etc.

✠

DEO IMMORTALI SACRUM

HIC JACET
P.-J.-B. DESCORDES PATRIA ENGOLISMENSIS
REGLÆ CURLÆ PICTAVIENSIS PRINCEPS
VIR JURIS CIVILIS ET PUBLICI PERITIA CLARUS
IN PALÆSTRA FORENSI ELOQUENTIÆ LAUDE
ET VERI JUSTIQUE DEFENSIONE CLARIOR
HAUD SEMEL URGENTE CIVIUM VOTO
SEQUENTE BONORUM OMNIUM PLAUSU
PUBLICIS MUNIIS FUNCTUS
INTER MULTIPLICES ÆVI NOSTRI TEMPESTATES
FREQUENTER QUIDEM EXAGITATUS
SED MENTIS ET FIDEI SUÆ CONSTANTIA
SEMPER IMMOTUS
SEPTIES PROVINCIÆ SUÆ LEGATUS
IN COMITIIS ANNI MDCCCXXVII
COLLEGARUM SUFFRAGIO PRÆSIDIS VICES EGIT
IN HAC CIVITATE PICTAVIENSI
CUJUS IN JUDICIIS PRINCIPATUM
PER XII ANNOS ÆQUISSIME TENUERAT
SACRAMENTIS ECCLESIÆ PRÆMUNITUS
OBIIT DIE II OCTOBRIS A. MDCCCXXXVI
ANNUM AGENS ÆTATIS LXXVII

DILECTO VIRO UXOR DILECTA
OPTIMO PATRI FILII LUGENTES
POSUERE

TABLE DES MATIÈRES

Angoulême. — Imp. Roux & Despujols, 3, rue Tison d'Argence.

Publications du même auteur

Histoire de l'abbaye royale de N.-D. de La Couronne en Angoumois, 2 vol. in-8°, Angoulême, Coquemard, 1888 et 1889 *(épuisé)*.

La dernière matinée du cardinal Pie, évêque de Poitiers, in-8° de 16 pages, Angoulême, Vve Baillarger, 1880 ; 0,50 cent.

Notice historique sur l'ancien Carmel d'Angoulême, in-8° de 116 pages, Roussaud, 1888, tiré à 100 exemplaires *(épuisé)*.

Choix de Noëls, nouvelle édition, in-16 de XII-204 pages, avec les airs autographiés, 70 pages, Angoulême, Roussaud, 1886 *(épuisé)*.

La naissance de Notre-Seigneur et l'Ecole Saint-Paul d'Angoulême, noël nouveau, plaquette in-32 de 12 pages. Angoulême, Roussaud *(épuisé)*.

Maximes et Conseils pratiques sur la direction et l'éducation des enfants, à l'usage des maîtres chrétiens, Angoulême, Roussaud, 1883 *(épuisé)*.

Notice sur les Écoles secondaires ecclésiastiques du diocèse d'Angoulême au XIXe siècle, récits, anecdotes, portraits ; in-12 de IV-572 pages, Angoulême, Roussaud, 1891, 4 fr. 50.

EN SOUSCRIPTION :

Le Clergé charentais pendant la Révolution, un vol. in-8° ; 5 francs pour les souscripteurs.

www.ingramcontent.com/pod-product-compliance
Ingram Content Group UK Ltd.
Pitfield, Milton Keynes, MK11 3LW, UK
UKHW022109260726
13993UKWH00001B/398

9 782329 401294